संजीव कपूर

पार्टी के लज़ीज़ व्यंजन

अल्योना कपूर के सहयोग से

Popular Prakashan
www.popularprakashan.com

राजपाल

खाना खज़ाना पब्लिकेशन्स प्रा. लि. के लिए
पॉप्युलर प्रकाशन प्रा. लि. द्वारा प्रकाशित
पॉप्युलर प्रकाशन प्रा. लि.
301, महालक्ष्मी चेंबर्स
22, भुलाभाई देसाई रोड, मुंबई – 400 026

प्रथम प्रकाशन 2015

ISBN:978-93-5064-300-6

छायाचित्रण: भरत भिरंगी, स्वप्निल नाईक और विकास शिंदे

रेखांकन: अंजली सावंत

अनुवाद: श्रीमती अश्विनी पटवर्धन

मुद्रक: रामा प्रिन्टर
4743/23, अन्सारी रोड
दर्यागंज, नई दिल्ली - 110002

सह–प्रकाशक
राजपाल एण्ड सन्ज़
कश्मीरी गेट, दिल्ली – 110006
website: www.rajpalpublishing.com
e-mail : sales@rajpalpublishing.com

लेखक की कलम से

पार्टी या दावत दोस्तों, मेहमानों और रिश्तेदारों को खुश करने के लिए और उनका मनोरंजन करने के लिए दी जाती है. दोस्तों और रिश्तेदारों के लिए अपने हाथों से अच्छा और स्वादिष्ट खाना बनाने से बेहतर और कुछ नहीं हैं. सच है ना!

हालाँकि घर पर पार्टी या दावत रखने में बहुत मेहनत करनी पड़ती है और तैयारी करने में काफी समय भी लगता है. आजकल की इस भागदौड़ भरी ज़िंदगी में हर कोई इस समस्या का एक आसान हल निकाल लेता है: रेस्टोरेंट से खाना मँगवाकर. परंतु यदि थोड़ी सी मेहनत करके और सही योजना बनाकर हम मेहमानों का आदर सत्कार घर के बने खाने के साथ गर्मजोशी से करें तो पार्टी में चार चाँद लग जाते है.

व्यंजनों का रंग, बनावट, वेरायटी, स्वाद और परोसने का तरीका ये सभी पार्टी के माहौल को बनाने में बहुत मदद करते हैं. पर सबसे खास बात यह होती है कि ये सभी व्यंजन मेहमानों की पसंद को ध्यान में रखकर मेज़बान खुद बड़ी आसानी से बना सकता है और यह बात हर मेहमान हमेशा याद रखता है.

पार्टी के लज़ीज़ व्यंजन में मैंने मुँह में पानी लाने वाले कई सारे भारतीय और विदेशी व्यंजनों की पाक विधियाँ दी हैं. तरोताज़ा कर देने वाले वर्जिन पिना कोलाडा, कुरकुरे शेज़वान वेजिटेबल फिंगर्स, स्मोक्ड चिकन एण्ड फ्रूट सलाद, मसालेदार फिश टिक्का अचारी, रेशमी पनीर कालिया और मधुर केसरी फिरनी से आपके मेहमानों का स्वागत करें.

हमेशा याद रखें कि एक साधारण से व्यंजन को भी खास बनाया जा सकता है. उसके बढ़िया प्रेजेंटेशन के साथ–साथ अतिथि सत्कार की भावना और उसे सही तरीके से परोसकर.

हैप्पी कुकिंग!

अनुक्रमणिका

बेवरेजेस्, सूप्स और सलाद

स्टार्टर्स

मेन कोर्स

अकम्पनिमेन्ट्स

डेज़र्ट्स

कोकोनट रिफ्रेशर

- 2 पूरे ताज़े नारियल
- 2 सेब, छीलकर, बीज निकालकर मोटे काटे हुए
- 8 बडे चम्मच चाशनी
- 2 बड़े चम्मच नींबू का रस
- 4 एप्पल फेन्स, सजाने के लिए

- ताज़े नारियलों को फ्रिज में रखकर अच्छी तरह से ठंडा कर लें. उसके बाद उसका ऊपरी भाग काटें और पानी निकाल लें. मलाई भी निकाल लें.
- नारियल के पानी, नारियल की मलाई, सेब के टुकडों, चाशनी और नींबू के रस को मिक्सर में चिकना होने तक पीस लें.
- तैयार पेय को ग्लासों में भरें. ग्लास को एप्पल फेन्स से सजाकर ठंडा कोकोनट रिफ्रेशर पीने को दें.

नोटः ताज़े नारियल का पानी एक प्राकृतिक, सुरक्षित व स्वास्थ्यकर पेय है. इससे शरीर का इलक्ट्रोलाइट संतुलन बना रहता है और यह निर्जलीकरण (डिहाइड्रेशन) होने पर भी बहुत लाभदायक होता है.

पार्टी पंच

- 4 बड़े चम्मच गुलाब का सिरप
- 2 कप संतरे का रस
- 2 कप आम का रस
- 4 स्कूप वेनिला आइसक्रीम
- 1 कप बर्फ़ के टुकड़े

- प्रत्येक ग्लास में एक बड़ा चम्मच गुलाब का सिरप डालें और ग्लास को गोल घुमाते हुए डिज़ाइन तैयार कर लें. ग्लासों कों ठंडा होने के लिए फ्रिज में रख दें.
- संतरे के रस, आम के रस और वेनिला आइसक्रीम को बर्फ़ के टुकड़ों के साथ ब्लेंडर में चिकना होने तक चलाएं.
- तैयार पंच को गुलाब सिरप से डिज़ाइन किए हुए ग्लासों में भरें और तुरंत सर्व करें.

वर्जिन पिना कोलाडा

1¾ (350 मिली) बिना शक्कर वाला अनन्नास का रस

8 बड़े चम्मच नारियल का गाढ़ा दूध (पृष्ठ क्र. 94)

8 बड़े चम्मच लंबी पतली पट्टियों में कटी हुई नारियल की मलाई

2 कप वेनिला आइसक्रीम

8 बड़े चम्मच अनन्नास के छोटे टुकड़े

16–20 डिब्बाबंद चेरी

चूरी हुई बर्फ़

- अनन्नास के रस, नारियल के दूध, नारियल की मलाई, वेनिला आइसक्रीम और बर्फ़ को चिकना होने तक ब्लेंडर में घुमाएं.
- फिर उसे ग्लासों में भरें.
- अनन्नास के टुकड़ों और चेरी से सजाकर तुरंत सर्व करें.

वर्जिन पिना कोलाडा

ग्रीन लेडी

ग्रीन लेडी

8 बड़े चम्मच खस का सिरप	4 ग्लास लेमोनेड
चुटकी भर नमक	4 नींबू की फाँके
2 बड़े चम्मच नींबू का रस	चूरी हुई बर्फ़

- खस के सिरप में नमक और नींबू का रस मिलाएं.
- फिर इसमें बर्फ़ और लेमोनेड डालकर अच्छी तरह हिला लें.
- नींबू की फाँक से सजाकर ठंडा पेय तुरंत सर्व करें.

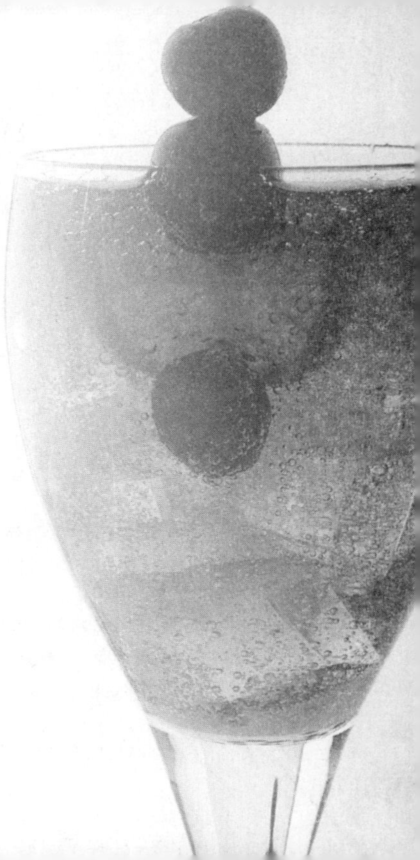

मशरूम सूप विद आमण्ड्स

400 ग्राम ताज़े बटन मश्रूम, कटे हुए
30 बादाम
1 बड़ा चम्मच मक्खन
2 मध्यम आकार के प्याज़, बारीक कटे हुए
5 कप दूध
नमक स्वादानुसार
सफ़ेद मिर्च पाउडर, स्वादानुसार

- एक कप गरम पानी में बादाम को ब्लांच कर लें. निकालें और फिर छीलें. बीस बादामों को दरदरा पीस लें और बाकी बचे बादामों के पतले–लंबे टुकड़े कर लें.
- नॉन–स्टिक पैन में मक्खन गरम करें. इसमें प्याज़ और मशरूम डालकर उन्हें नरम होने तक भून लें. ठंडा होने दें. उसके बाद ब्लेंडर में इसकी चिकनी प्यूरी बना लें.
- प्यूरी को एक नॉन–स्टिक पैन में निकाल लें. इसमें दूध डालें और अच्छी तरह मिलाएं. मध्यम आँच पर रखकर इसमें एक उबाल लाएं. फिर इसमें दरदरे पीसे बादाम, नमक और सफ़ेद मिर्च पाउडर डालें और अच्छी तरह मिला लें. बादाम की कतरनों से सजाकर गरमागरम सूप सर्व करें.

शेफ का सुझावः मशरूम को धोएं या भिगोएं नहीं. उन्हें बस गीले कपड़े से पोंछ लें.

बालिनीज़ वेजिटेबल सूप

225 ग्राम फ्रेंच बीन्स, ½ इंच के टुकड़ों में कटी हुई
नमक स्वादानुसार
2 कप नारियल का गाढ़ा दूध (पृष्ठ क्र. 94)
1 लहसुन की कली
2 ताज़ी लाल मिर्चें, कटी हुई
4 बादाम
½ बड़ा चम्मच धनिया पाउडर
2 बड़े चम्मच तेल
1 मध्यम आकार का प्याज़, फाँकें किया हुआ
2 तेजपत्ते
1⅓ कप बीन स्प्राउट्स (अंकुरित मूँग)
2 बड़े चम्मच नींबू का रस

- फ्रेंच बीन्स को नमक वाले छह कप उबलते पानी में तीन से चार मिनट तक पका लें. निथारें और पानी को संभालकर अलग रख दें.
- नारियल के गाढ़े दूध में से ऊपर से चार बड़े चम्मच क्रीम निकाल लें और अलग रख दें.
- लहसुन, ताज़ी लाल मिर्चों, बादाम और धनिये की पाउडर को पीसकर पेस्ट बना लें.

- नॉन–स्टिक कड़ाही में तेल गरम करें. इसमें प्याज़ डालें और उसे थोड़ा पारदर्शी होने तक भूनें. निकालकर अलग रख दें.

- अब उसी तेल में पीसी हुई पेस्ट डालें और लगभग दो मिनट तक भूनें. ध्यान रहे कि पेस्ट भूरी न हो पाए, फिर इसमें संभाल कर रखा हुआ फ्रेंच बीन्स का पानी और नारियल का दूध डालें. इसमें एक उबाल लाएं और फिर तेजपत्ते डालें.

- बिना ढके इसे लगभग पंद्रह से बीस मिनट तक पकाएं.

- परोसने से पहले इसमें फ्रेंच बीन्स, भूने हुए प्याज़, बीन स्प्राउट्स अलग रखा हुआ नारियल का क्रीम और नींबू का रस डालें. चखकर नमक स्वादानुसार कर लें और फिर तुरंत सर्व करें.

स्वीटकॉर्न सूप विद मिक्स्ड वेजिटेबल्स एण्ड तोफू

150 ग्राम क्रीम–स्टाइल स्वीटकॉर्न

½ कप स्वीटकॉर्न के दाने

¼ छोटी पत्तागोभी, कटी हुई

¼ मध्यम आकार की गाजर, कटी हुई

100 ग्राम तोफू (बीन कर्ड), ½ इंच के टुकड़ों में कटा हुआ

2 बड़े चम्मच तेल

4–5 कप वेजिटेबल स्टॉक (पृष्ठ क्र. 95)

नमक स्वादानुसार

¼ छोटा चम्मच सफ़ेद मिर्च पाउडर

½ बड़ा चम्मच शक्कर

¼ छोटा चम्मच एमएसजी (ऐच्छिक)

3 बड़े चम्मच कॉर्नफ्लोर, ½ कप पानी में घोला हुआ

1 हरे प्याज़ की पत्तियाँ, कटी हुई

- नॉन–स्टिक कड़ाही में तेल गरम करें. इसमें कॉर्न के दाने, पत्तागोभी और गाजर डालें. दो मिनट तक चलाएं. फिर इसमें वेजिटेबल स्टॉक डालें और एक उबाल लाएं.
- क्रीम स्टाइल स्वीट कॉर्न डालें और दो से तीन मिनट तक पकाएं.

- नमक, सफ़ेद मिर्च पाउडर, शक्कर और एमएसजी डालें.
- तोफू और कॉर्नफ्लोर का घोल डालकर तेज आँच पर एक मिनट तक या सूप गाढ़ा होने तक लगातार चलाते रहें.
- हरे प्याज़ की कटी हुई पत्तियों से सजाकर गरमागरम सूप सर्व करें.

(चित्र पृष्ठ क्र. 19 पर देखें)

समर टोमैटो पास्ता सलाद

10–12 चेरी (छोटे) टमाटर, दो टुकड़े किए हुए

1½ कप पेन्ने पास्ता (क्विल के आकार का पास्ता)

नमक स्वादानुसार

¼ मध्यम आकार की ब्रोकोली, छोटे फूल अलग किए हुए

½ छोटा चम्मच शक्कर

15–20 तुलसी की पत्तियाँ

10–12 काली मिर्चें

2 बड़े चम्मच जैतून का तेल

150 ग्राम पनीर, 2 इंच के लंबे टुकड़े किए हुए

1 बड़ा चम्मच विनेगर

1 छोटा चम्मच केस्टर शुगर

2 बड़े चम्मच चिलगोज़े या अखरोट के टुकड़े (ऐच्छिक)

- पास्ता को पाँच से छह कप नमक वाले उबलते पानी में ऑल डेन्टे (दाँत से काटने पर थोड़ा सख्त लगे) होने तक पका लें. निथारें और फिर ठंडे पानी में डालें. ठंडे पानी में से निकालकर पास्ता को एक बड़ी प्लेट में फैला लें.

- पानी में नमक व शक्कर डालकर उसमें ब्रोकोली को तीन मिनट तक उबाल लें. निथारें और फिर ठंडे पानी में डालकर निकाल लें.

- तीन–चार तुलसी की पत्तियों को सजाने के लिए अलग रख दें और बाकी की पत्तियों को काली मिर्च और जैतून के तेल के साथ खरल में कूट लें. बाकी बचा जैतून का तेल भी इस पेस्ट में मिला दें.

- एक बड़ा बाउल लेकर उसमें पास्ता, चेरी टमाटर, ब्रोकोली, पनीर, तैयार की हुई पेस्ट, विनेगर, केस्टर शुगर और नमक को मिला लें. उछालते हुए अच्छी तरह मिक्स कर लें.

- तैयार सलाद को एक सर्विंग डिश में निकाल लें. तुलसी की बची हुई पत्तियों और चिलगोज़ों या अखरोट के टुकड़ों से सजाकर सलाद तुरंत सर्व करें.

नोटः आप सलाद में छोटे टमाटरों या चेरी की जगह बड़े टमाटरों के चार टुकड़े कर के भी डाल सकते हैं.

विधि पृष्ठ क्र. 15 पर देखें

स्वीटकॉर्न सूप विद मिक्स्ड वेजिटेबल्स एण्ड तोफू

स्मोक्ड चिकन एण्ड फ्रूट सलाद

स्मोक्ड चिकन एण्ड फ्रूट सलाद

225 ग्राम बोनलेस चिकन ब्रेस्ट

नमक स्वादानुसार

2 छोटे चम्मच नींबू का रस

75 ग्राम बीज रहित हरे अंगूर, छीलकर दो टुकड़े किए हुए

1 नाशपाती, छीलकर, बीज वाला भाग निकालकर, फाँके की हुई

25 ग्राम अखरोट, दो टुकड़े किए हुए

4 आइसबर्ग लेट्यूस की पत्तियाँ, लंबी–पतली कटी हुई

2 सेलरी स्टॉक, कटी हुई

1 लाल शिमला मिर्च, बीज निकालकर फाँकें की हुई

थोड़े सी ताज़े टेरागॉन की ताज़ी टहनियाँ

ड्रेसिंग

2 बड़े चम्मच दही

2 बड़े चम्मच मेयोनीज़ (पृष्ठ क्र. 94)

2 बड़े चम्मच कद्दूकस की हुई ककड़ी

1 छोटा चम्मच कद्दूकस किया हुआ प्याज़

½ छोटा चम्मच कटा हुआ ताज़ा टेरागॉन

नमक स्वादानुसार

स्वादानुसार काली मिर्च पाउडर

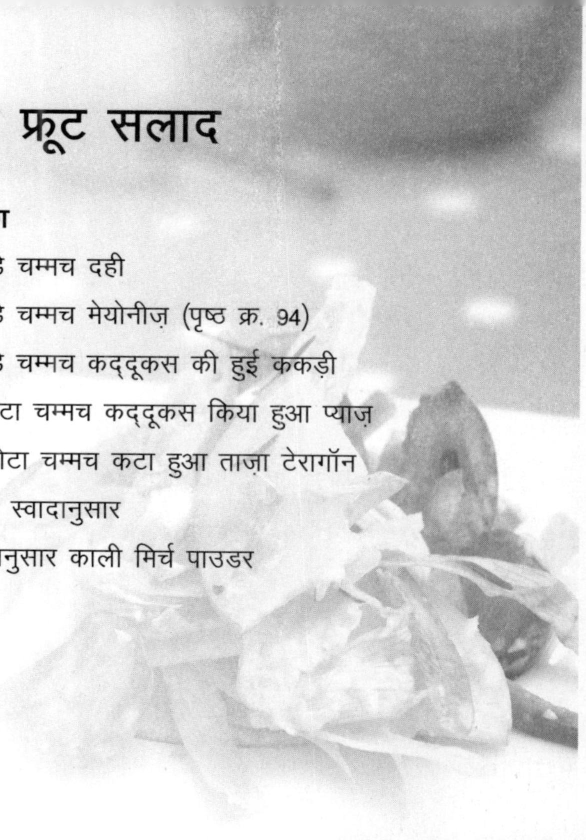

- चिकन ब्रेस्ट को नमक और नींबू का रस लगाकर लगभग आधे घंटे तक मैरिनेट होने के लिए रख दें. फिर चिकन ब्रेस्ट को दोनों तरफ से समान रूप से पककर सुनहरा हो जाने तक ग्रिल कर लें.
- ठंडा होने के लिए एक तरफ रख दें. ठंडा होने के बाद इसकी पट्टियाँ काट लें.
- एक बड़े बाउल में चिकन की पट्टियों, हरे अंगूर, नाशपाती, अखरोट के टुकड़े, लेट्यूस, सेलरी और लाल शिमला मिर्च को मिला लें.
- एक अलग बाउल में दही, मेयोनीज़, ककड़ी, प्याज़, टेरॉगान, नमक और काली मिर्च पाउडर को मिला लें.
- परोसने से पहले सलाद की सामग्री पर ड्रेसिंग डालें और उछालते हुए अच्छी तरह मिला लें.
- ताज़े टेरागॉन से सजाकर सलाद तुरंत सर्व करें.

धनिया अदरक चम्पे

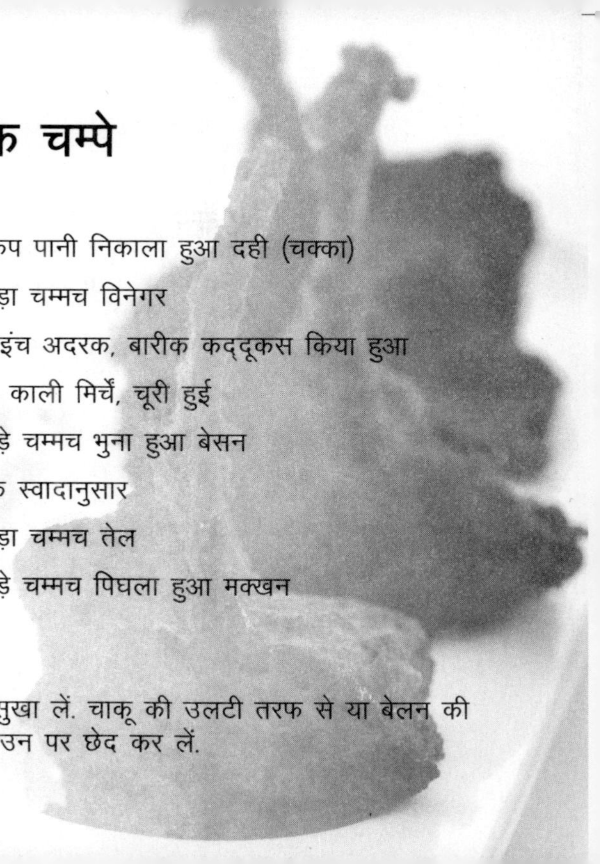

500 ग्राम मेमने के चॉप्स

मैरिनेड

½ छोटा गुच्छा (25 ग्राम) ताज़ा हरा धनिया

2 इंच अदरक

2 बड़े चम्मच कटा हुआ कच्चा पपीता

½ छोटा चम्मच सोडा बाइकार्बोनेट

10 पालक के ताज़े पत्ते

4 हरी मिर्चें

½ कप पानी निकाला हुआ दही (चक्का)

1 बड़ा चम्मच विनेगर

1½ इंच अदरक, बारीक कद्दूकस किया हुआ

5–6 काली मिर्चें, चूरी हुई

2 बड़े चम्मच भुना हुआ बेसन

नमक स्वादानुसार

1 बड़ा चम्मच तेल

4 बड़े चम्मच पिघला हुआ मक्खन

- मेमने के चॉप्स को किचन टॉवेल से हल्के से दबाकर सुखा लें. चाकू की उलटी तरफ से या बेलन की मदद से उन्हें थोड़ा चपटा कर लें. काँटे के चम्मच से उन पर छेद कर लें.

- ताज़ा हरा धनिया, अदरक, पपीता, सोडा बाइकार्बोनेट, पालक और हरी मिर्चों को पीसकर चिकनी पेस्ट बना लें.

- इस पेस्ट को एक बाउल में निकाल लें. इसमें दही, विनेगर, कद्दूकस किया हुआ अदरक, काली मिर्च, भुना हुआ बेसन, नमक और तेल डालकर अच्छी तरह मिला लें. फिर इसमें मेमने के चॉप्स डालकर मिलाएं और मैरिनेट करने के लिए रात भर फ्रिज़ में रख दें.

- अवन को 180°C/350°F/गैस मार्क 4 पर पहले से ही गरम कर लें या गैस तंदूर को मध्यम आँच पर गरम कर लें.

- मैरिनेट किए हुए चॉप्स को चिकनाई लगे वायर रैक पर या ग्रिल पर रखें और बचा हुआ मैरिनेड भी चॉप्स पर लगा दें.

- चॉप्स को बीस मिनट तक ग्रिल करें. इन्हें बीच में एक बार पलट दें. बीस मिनट ग्रिल करने के बाद इन पर मक्खन लगाएं और फिर से पंद्रह मिनट तक या नरम हो जाने तक पकाएं.

- पुदीने की चटनी (पृष्ठ क्र. 94) के साथ सर्व करें.

मकई, बादाम और अखरोट की टिक्की

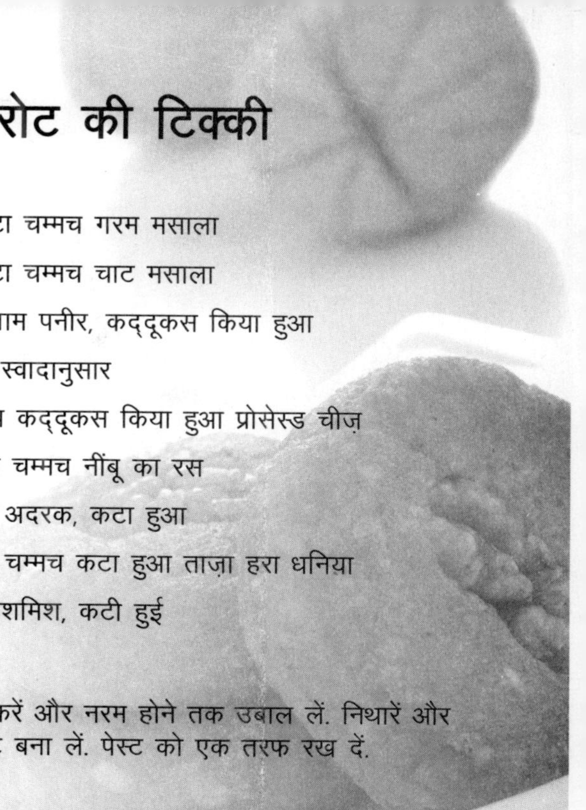

1½ कप (300 ग्राम) कॉर्न के दाने, उबालकर पीसे हुए
20 बादाम, ब्लांच करके, छीलकर, पीसे हुए
16 अखरोट, टुकड़े किए हुए
200 ग्राम कमल गट्टे
2 बड़े चम्मच तेल + शैलो–फ्राय करने के लिए
1 छोटा चम्मच शाही जीरा
1 छोटा चम्मच लाल मिर्च पाउडर
1 छोटा चम्मच काली मिर्च पाउडर
1 छोटा चम्मच सौंफ पाउडर
1 छोटा चम्मच गरम मसाला
1 छोटा चम्मच चाट मसाला
100 ग्राम पनीर, कद्दूकस किया हुआ
नमक स्वादानुसार
½ कप कद्दूकस किया हुआ प्रोसेस्ड चीज़
1 बड़ा चम्मच नींबू का रस
1 इंच अदरक, कटा हुआ
2 बड़े चम्मच कटा हुआ ताज़ा हरा धनिया
24 किशमिश, कटी हुई

- कमल गट्टे धोएं और रगड़कर साफ कर लें. कद्दूकस करें और नरम होने तक उबाल लें. निथारें और दबाकर अतिरिक्त पानी निकाल दें. ब्लेंडर में इसकी पेस्ट बना लें. पेस्ट को एक तरफ रख दें.

- एक नॉन–स्टिक कड़ाही में दो बड़े चम्मच तेल गरम करें. इसमें शाही जीरा डालें और खुशबू उठने तक भूनें. फिर इसमें कॉर्न की पेस्ट, बादाम की पेस्ट, कमल गट्टे की पेस्ट डालें और मिश्रण सूखा होने तक भूनें.
- लाल मिर्च पाउडर, काली मिर्च पाउडर, सौंफ पाउडर, गरम मसाला और चाट मसाला डालकर अच्छी तरह मिला लें. फिर पनीर और नमक डालकर अच्छी तरह मिलाएं. जब मिश्रण कड़ाही की सतह छोड़ने लगे तब पकाना बंद कर दें.
- आँच पर से उतारकर उसमें प्रोसेस किया हुआ चीज़, नींबू का रस, अदरक और कटा हुआ हरा धनिया डालें. मिश्रण को ठंडा करें.
- इसके बीस बराबर गोले बना लें. इन गोलों में अखरोट और किशमिश भरकर इनकी टिक्की बना लें.
- नॉन–स्टिक फ्राइंग पैन में थोड़ा सा तेल गरम करें और इसमें टिक्कयों को शैलो–फ्राय कर लें. निकालकर तेल सोखने वाले कागज़ पर रखें.
- हरी चटनी (पृष्ठ क्र. 94) के साथ गरमागरम परोसें.

शेज़वान वेजिटेबल फिंगर्स

1 मध्यम आकार की गाजर, कद्दूकस की हुई
¼ मध्यम आकार की फूलगोभी, कद्दूकस की हुई
1 छोटी हरी शिमला मिर्च, बारीक कटी हुई
¼ छोटी पत्तागोभी, बारीक कटी हुई
8–10 फ्रेंच बीन्स, बारीक कटी हुई
1 छोटा प्याज़, बारीक कटा हुआ
नमक स्वादानुसार
5 बड़े चम्मच कॉर्नफ्लोर
2 बड़े चम्मच मैदा
2 छोटे चम्मच रेड चिली फ्लेक्स
¼ छोटा चम्मच एमएसजी (ऐच्छिक)
2 बड़े चम्मच बारीक कटा हुआ ताज़ा हरा धनिया
¼ छोटा चम्मच सफ़ेद मिर्च पाउडर
1 छोटा चम्मच लाइट सोया सॉस
1 बड़ा चम्मच तेल + तलने के लिए

- एक बड़ा बाउल लेकर उसमें गाजर, फूलगोभी, शिमला मिर्च, पत्तागोभी, फ्रेंच बीन्स, प्याज़ और नमक मिला लें.
- इसे दस से पंद्रह मिनट के लिए एक तरफ रख दें.

- सब्ज़ियों के मिश्रण को हथेलियों के बीच रखकर दबाएं ताकि अतिरिक्त पानी निकल जाए.
- फिर इसमें तीन बड़े चम्मच कॉर्नफ्लोर, मैदा, चिली फ्लेक्स, एमएसजी, ताज़ा हरा धनिया, सफ़ेद मिर्च पाउडर और सोया सॉस डालें और अच्छी तरह मिला लें.
- इस मिश्रण के सोलह समान भाग कर लें और फिर इनके गोले बना लें. इन गोलों को दो इंच लंबी ऊँगली का आकार दे दें.
- सब्ज़ियों के मिश्रण से बनी इन फिंगर्स को दो बड़े चम्मच कॉर्नफ्लोर में लपेट लें. एक नॉन–स्टिक कड़ाही में भरपूर मात्रा में तेल गरम करें. इस तेल में इन वेजिटेबल फिंगर्स को सुनहरा भूरा होने तक तलें. निकालकर तेल सोखने वाले कागज़ पर रखें.
- शेज़वान सॉस (पृष्ठ क्र. 95) के साथ गरमागरम सर्व करें.

शेज़वान वेजिटेबल फिंगर्स

मिनी टोस्टाडास

मिनी टोस्टाडास

12 रेडीमेड कॉर्न टोस्टाडास

थोड़ी सी आइसबर्ग लेट्यूस की पत्तियाँ, छोटे टुकड़ों में तोड़ी हुई

1 बड़ा चम्मच अनार के दाने

ताज़ा पार्सले की कुछ टहनियाँ

सालसा

½ कप स्वीटकॉर्न के दाने

1 बड़ा चम्मच जैतून का तेल

1 मध्यम आकार का प्याज़, कटा हुआ

1 मध्यम आकार की हरी शिमला मिर्च, छोटे टुकड़ों में कटी हुई

1 मध्यम आकार की लाल शिमला मिर्च, छोटे टुकड़ों में कटी हुई

1 मध्यम आकार की पीली शिमला मिर्च, छोटे टुकड़ों में कटी हुई

50 ग्राम पनीर, छोटे टुकड़ों में कटा हुआ

7–8 काली मिर्चें, चूरी हुई

¼ छोटा चम्मच पेपरिका

1 बड़ा चम्मच कटा हुआ ताज़ा हरा धनिया

नमक स्वादानुसार

1 बड़ा चम्मच नींबू का रस

1 बड़ा चम्मच बालसामिक विनेगर (ऐच्छिक)

- सालसा बनाने के लिए एक नॉन–स्टिक पैन में कॉर्न के दानों को तेज़ आँच पर भूनें ताकि दानों पर हल्के दाग पड़ जाएं. फिर उसमें जैतून का तेल और प्याज़ डालकर प्याज़ थोड़ा पारदर्शी होने तक भूनें. आँच पर से उतारकर एक बाउल में निकाल लें. इसे ठंडा होने के लिए अलग रख दें.
- एक अलग बाउल में शिमला मिर्च और पनीर को मिला लें. इसमें चूरी हुई काली मिर्च, पेपरिका, कटा हुआ हरा धनिया, नमक और नींबू का रस डालकर अच्छी तरह मिला लें.
- इसमें भुने हुए कॉर्न और बालसामिक विनेगर डालें. चखकर नमक स्वादानुसार कर लें और फिर इसे उछालते हुए मिला लें.
- डिश तैयार करने के लिए एक प्लेट में टोस्टाडास रखें. प्रत्येक टोस्टाडास पर लेट्यूस की पत्ती का एक टुकड़ा रखें और फिर उस पर एक चम्मच सालसा रखें.
- अनार के दाने और पार्सले की टहनियों से सजाकर तुरंत सर्व करें.

शेफ का सुझावः किराने की दुकानों या सुपरमार्केट् में रेडीमेड टोस्टाडास उपलब्ध होते हैं.

गोल्डन बैग्स

30 पाँच इंच गोल स्प्रिंग रोल रेपर्स
1 कप हाथों से चूरा हुआ पनीर
½ कप मिक्स्ड वेजिटेबल्स (फूलगोभी, फ्रेंच बीन्स और हरे मटर) का कीमा
1 बड़ा चम्मच बारीक कटा हरा धनिया
¼ छोटा चम्मच काली मिर्च पाउडर
नमक स्वादानुसार
2 बड़े चम्मच तेल + तलने के लिए
10 लहसुन की कलियाँ, कटी हुई
थोड़ी सी हरे प्याज़ की पत्तियाँ
½ कप स्वीट चिली सॉस

- भरावन बनाने के लिए एक बाउल में पनीर, सब्ज़ियों के कीमे, कटे हुए हरे धनिये, काली मिर्च पाउडर और नमक को मिला लें. एक नॉन–स्टिक कड़ाही में दो बड़े चम्मच तेल गरम करें. इसमें लहसुन डालें और उसे खुशबू उठने तक भूने. फिर इसमें पनीर का मिश्रण डालें और तीन से चार मिनट तक भूनें.
- प्रत्येक स्प्रिंग रोल रेपर के बीच में एक बड़ा चम्मच भरावन रखें. रेपर के किनारों को इकट्ठा करें और उनमें चुन्टें डालें. हरे प्याज़ की पत्ती से इस पोटली को कसकर बांध लें. अतिरिक्त रेपर और हरे प्याज़ की पत्ती को काट दें. एक गहरे नॉन–स्टिक कड़ाही में भरपूर मात्रा में तेल गरम करें और उनमें इन पोटलियों को सुनहरा होने तक तल लें. निकालकर तेल सोखने वाले कागज़ पर रखें. स्वीट चिली सॉस के साथ गरमागरम सर्व करें.

पोटली कबाब

4 (115 ग्राम) बोनलेस चिकन ब्रेस्ट
250 ग्राम चिकन का कीमा
2 बड़े चम्मच अदरक–लहसुन की पेस्ट
2 बड़े चम्मच कटा हुआ ताज़ा हरा धनिया
5–8 पुदीने की ताज़ी पत्तियाँ, कटी हुई
2 हरी मिर्चें, कटी हुई
नमक स्वादानुसार

½ कप पानी निकाला हुआ दही (चक्का)
2 बड़े चम्मच बेसन
2 बड़े चम्मच क्रीम
1 छोटा चम्मच हरी मिर्च की पेस्ट
½ छोटा चम्मच गरम मसाला पाउडर
मक्खन, पिघला हुआ, लगाने के लिए

- चिकन ब्रेस्ट को पूरा न काटते हुए उस पर चीरे लगाएं. इन चीरों को खोल दें. स्टेक हैमर या चाकू की उलटी तरफ से इसे थोड़ा चपटा कर लें.

- चिकन के कीमे को एक बड़े चम्मच अदरक–लहसुन की पेस्ट, कटे हुए हरे धनिये, ताज़े पुदीने, हरी मिर्चों और नमक के मिश्रण में लगभग पंद्रह मिनट तक मैरिनेट करें.

- चिकन के मिश्रण के चार बराबर भाग कर लें और उनके गोले बना लें. प्रत्येक गोले को चपटी की हुई चिकन ब्रेस्ट में रखें. चिकन ब्रेस्ट को कीमे के गोले पर लपेट लें. टूथपिक से ब्रेस्ट के किनारों को बंद कर दें.

- एक बाउल में दही लें. इसमें बेसन, बची हुई अदरक–लहसुन की पेस्ट, नमक, क्रीम, हरी मिर्च की पेस्ट और गरम मसाला डालकर अच्छी तरह मिला लें. भरे हुए चिकन के गोलों को इस मिश्रण में लगभग दो घंटे तक मैरिनेट करें. इसे फ्रिज़ में रखेंगे तो बेहतर होगा.

- अवन को 200°C/400°F/गैस मार्क 6 पर पहले से ही गरम कर लें.

- चिकनाई लगे बेकिंग ट्रे पर चिकन के गोलों को इस प्रकार रखें कि बंद किए हुए किनारे नीचे की तरफ हों. गोलों को एक दूसरे से एक–एक इंच की दूरी पर रखें.

- पहले से गरम किए हुए अवन में इन्हें बीस मिनट तक पकाएं. बीच–बीच में इन पर पिघला हुआ मक्खन लगाते रहें.

- तैयार पोटली कबाब को एक सर्विंग प्लेट में निकाल लें. अपनी पसंद के सलाद और चटनी के साथ इन्हें गरमागरम सर्व करें.

शेफ का सुझावः यदि चिकन का कीमा बहुत बारीक न हो तो इसे एक–दो बार ब्लेंडर में पीस लें.

पनीर के तिनके

300 ग्राम पनीर 1 इंच के चौकोर टुकड़े किए हुए

1 छोटा चम्मच तेल + शैलो–फ्राय करने के लिए

2 बड़े चम्मच बेसन

¾ कप पानी निकाला हुआ दही (चक्का)

1 छोटा चम्मच भुने हुए जीरे की पाउडर

3–4 काली मिर्चें, चूरी हुई

½ छोटा चम्मच भुनकर, चूरी हुई सूखी मेथी

½ छोटा चम्मच हल्दी

½ छोटा चम्मच गरम मसाला

5 छोटे चम्मच नींबू का रस

नमक स्वादानुसार

थोड़ा सा केसर (ऐच्छिक)

1 मध्यम आकार का प्याज़, 1 इंच के टुकड़ों में काटकर परतें अलग की हुई

1 मध्यम आकार की हरी शिमला मिर्च, 1 इंच के टुकड़ों में कटी हुई

1 मध्यम आकार की लाल शिमला मिर्च, 1 इंच के टुकड़ों में कटी हुई

6 सीख (साटे स्टिक्स)

- नॉन–स्टिक पैन में एक छोटा चम्मच तेल गरम करें और बेसन को धीमी आँच पर खुशबू उठने तक भून लें. एक बाउल में दही, जीरे की पाउडर, काली मिर्च, सूखी हुइ मेथी, हल्दी, गरम मसाला, नींबू का रस, नमक और केसर को अच्छी तरह मिला लें.

- इसमें भुना हुआ बेसन डालें और एक बार फिर से अच्छी तरह मिला लें. फिर पनीर के टुकड़ें डालें और धीरे से उछालते हुए मिला लें. मैरिनेट होने के लिए एक तरफ रख दें.

- साटे स्टिक्स लेकर उसमें सामग्रियों को इस क्रम में पिरोएं. प्याज़, पनीर, हरी शिमला मिर्च, लाल शिमला मिर्च, पनीर और फिर प्याज़, उथला नॉन–स्टिक पैन गरम करें. इसमें बचा हुआ तेल डालें और फिर इस पर साटे स्टिक्स रखें.

- मध्यम आँच पर पनीर के साटे स्टिक्स को थोड़ी–थोड़ी देर में पलटते रहें ताकि टुकड़े सभी तरफ से एक समान रूप से पक जाए.

- पुदीने की चटनी (पृष्ठ क्र. 94) के साथ गरमागरम सर्व करें.

सॉल्ट एण्ड पेप्पर प्रॉन्स

300 ग्राम किंग प्रॉन्स (झींगे)
नमक स्वादानुसार
½ छोटा चम्मच काली मिर्च पाउडर
4 काली मिर्चें, चूरी हुई
2 बड़े चम्मच कॉर्नफ्लोर
2 बड़े चम्मच लाइट सोया सॉस

1½ बड़े चम्मच तेल + तलने के लिए
3 लहसुन की कलियाँ, कुचली हुई
¾ इंच अदरक, कटा हुआ
2 हरे प्याज़, फाँकें किए हुए
3 हरे प्याज़ की पत्तियाँ, कटी हुई

- झींगों को छीलें और पूँछ को साबूत रखते हुए पीठ की नस निकाल लें. इन्हे अच्छी तरह धो लें.
- एक बाउल में नमक, पाव छोटा चम्मच काली मिर्च पाउडर, आधी चूरी हुई काली मिर्च, एक बड़ा चम्मच कॉर्नफ्लोर और एक बड़ा चम्मच सोया सॉस मिला लें.
- इसमें झींगे डालें और अच्छी तरह मिलाकर पंद्रह मिनट तक मैरिनेट होने के लिए एक तरफ रख दें. बचे हुए कॉर्नफ्लोर को दो बड़े चम्मच पानी में घोल लें.

- एक नॉन–स्टिक कड़ाही में पर्याप्त मात्रा में तेल गरम करें. इसमें झींगों को दो मिनट तक तलें. निकालकर तेल सोखने वाले कागज़ पर रखें.

- एक अलग नॉन–स्टिक कड़ाही लेकर उसमें डेढ़ बड़े चम्मच तेल गरम करें. इसमें लहसुन, अदरक और हरे प्याज़ डालकर तेज आँच पर दो मिनट तक भूनें.

- फिर इसमें तले हुए झींगे, नमक, बची हुई काली मिर्च पाउडर, बची हुई चूरी हुई काली मिर्च में से आधी काली मिर्च, बचा हुआ सोया सॉस, कॉर्नफ्लोर का घोल और हरे प्याज़ की पत्तियाँ डालें. इसे तेज आँच पर लगभग चार मिनट तक या झींगों के अच्छी तरह पक जाने तक पकाएं.

- इस पर बची हुई चूरी हुई काली मिर्च डालें और गरमागरम सर्व करें.

चिकन 65

450 ग्राम बोनलेस चिकन, 1½ इंच के टुकड़ो में कटा हुआ
½ कप दही
1½ बड़े चम्मच नींबू का रस
2 बड़े चम्मच चावल का आटा
नमक स्वादानुसार
6 बड़े चम्मच तेल

मसाला

4 सूखी लाल मिर्चें
2 इंच अदरक
6 लहसुन की कलियाँ
2 बड़े चम्मच धनिया
12–15 काली मिर्चें

- मसाले की सारी सामग्री को पीसकर चिकनी पेस्ट बना लें.
- तैयार मसाला पेस्ट में दही, नींबू का रस, चावल का आटा, नमक और दो बड़े चम्मच तेल डालकर अच्छी तरह मिला लें.
- चिकन के टुकड़ों पर यह मसाला पेस्ट लगाएं और उन्हें मैरिनेट होने के लिए एक घंटे तक फ्रिज़ में रख दें.

- भारी पेंदे की नॉन–स्टिक कड़ाही में बचा हुआ तेल गरम करें. इसमें एक बार में छह से आठ चिकन के टुकड़े डालें और तेज आँच पर लगातार चलाते हुए एक मिनट तक भून लें. फिर अगले सात–आठ टुकड़े डालें.

- इस तरह से जब सारे टुकड़े कड़ाही में डल जाएं तब आँच कम कर दें. टुकडों को लगातार पलटते रहें और उन पर बचा हुआ मसाला लगाते रहें.

- जब तेल छूटने लगे और चिकन के टुकड़े बाहर से कुरकुरे और अन्दर से नरम हो जाएं तब पकाना बंद कर दें.

- चख कर नमक स्वादानुसार कर लें. इन्हें उछालते हुए अच्छी तरह मिला लें और फिर निकाल कर तेल सोखने वाले कागज़ पर रखें. गरमागरम सर्व करें.

फिश टिक्का अचारी

2 (400 ग्राम) किंग फिश फिलेट्स, 2 इंच के टुकड़ों में कटे हुए
2 बड़े चम्मच नींबू का रस
नमक स्वादानुसार
1 छोटा चम्मच लहसुन की पेस्ट
1 छोटा चम्मच अदरक की पेस्ट
½ छोटा चम्मच हल्दी
2 छोटे चम्मच कश्मीरी लाल मिर्च पाउडर
1 छोटा चम्मच सरसों, भूनी हुई
1 छोटा चम्मच सौंफ
1 छोटा चम्मच कलौंजी
½ छोटा चम्मच मेथीदाना
½ छोटा चम्मच काला नमक
2 बड़े चम्मच सरसों का तेल
1 कप दही, फेंटा हुआ
4 बड़े चम्मच मक्खन, पिघला हुआ

- एक बाउल में मछली के टुकड़े लें. इसमें नींबू का रस, नमक, लहसुन की पेस्ट, अदरक की पेस्ट, हल्दी और लाल मिर्च पाउडर डालें और अच्छी तरह मिलाएं.

- नॉन–स्टिक पैन गरम करें और उसमें सरसों, सौंफ, कलौंजी और मेथीदाने को सूखा भून लें. खरल में इन्हें बारीक होने तक कूट लें. कूटते समय इसमें काला नमक भी डालें.
- मछली के टुकड़ों के मिश्रण में खरल में कुटा हुआ मसाला और दही डालें. सारी सामग्रियों को अच्छी तरह मिला लें और उसे आधे घंटे तक ऐसे ही रहने दें.
- एक नॉन–स्टिक पैन में सरसों के तेल को धुआँ उठने तक गरम करें. इसे ठंडा होने के लिए अलग रख दें.
- अवन को 220°C/425°F/गैस मार्क 7 पर पहले से ही गरम कर लें.
- ठंडे हो चुके सरसों के तेल को मैरिनेट की हुई मछली में डालें और मिला लें.
- मछली को चिकनाई लगे ट्रे में रख कर, पहले से गरम किए हुए अवन के रैक पर रख दें. इसे दस से पंद्रह मिनट तक या नरम होने तक पकाएं. पकाते समय बीच में इस पर एक बार पिघला हुआ मक्खन लगाएं.
- गरमागरम सर्व करें.

शेफ का सुझावः यदि अवन उपलब्ध न हो तो आप मछली के टुकड़ों को सीख़ों में पिरोकर उन्हें नॉन–स्टिक तवे पर भी पका सकते हैं.

बेक्ड मिक्स्ड वेजिटेबल्स

3 मध्यम आकार के बैंगन, फाँकें किए हुए
4 मध्यम आकार के आलू उबालकर, फाँकें किए हुए
1 मध्यम आकार की हरी शिमला मिर्च, फाँकें की हुई
1 मध्यम आकार की लाल शिमला मिर्च, फाँके की हुई
2 मध्यम आकार के प्याज़, गोल फाँकें करके छल्ले अलग किए हुए
नमक स्वादानुसार
2 बड़े चम्मच तेल
¼ कप वेजिटेबल स्टॉक (पृष्ठ क्र. 95)
10–12 काली मिर्चें, चूरी हुई
½ कप ताज़े ब्रेडक्रम्ब्स
½ कप कद्दूकस किया हुआ प्रोसेस्ड चीज़

टोमैटो सॉस

1 कप टोमैटो कॉनकासे (पृष्ठ क्र. 46)
2 बड़े चम्मच तेल
3–4 लहसुन की कलियाँ, कटी हुई
4–5 काली मिर्चें
1 तेजपत्ता
नमक स्वादानुसार

चीज़ सॉस

½ कप व्हाइट सॉस (पृष्ठ क्र. 95)
¼ कप कद्दूकस किया हुआ प्रोसेस्ड चीज़

- अवन को 200°C/400°F/गैस मार्क 6 पर पहले से ही गरम कर लें.

- बैंगन की फाँकों पर नमक छिड़ककर इसे आधे घंटे तक छलनी में रख दें. फिर इसे ठंडे बहते पानी के नीचे रखकर धो लें. किचन टॉवेल से पोंछकर इसे सुखा लें.

- एक बेकिंग ट्रे लेकर उसमें बैंगन की फाँकों को जमाकर रखें. फिर इन्हें पहले से गरम किए हुए अवन में सुनहारा भूरा होने तक ग्रिल करें.

- एक नॉन–स्टिक पैन में तेल गरम करें. इसमें प्याज़ के छल्ले डालें और एक मिनट तक भूनें. फिर इसमें हरी और लाल शिमला मिर्च डालकर और एक या दो मिनट तक भूनें. इसे एक तरफ रख दें.

- टोमैटो सॉस बनाने के लिए पैन में तेल गरम करें. इसमें लहसुन डालें और एक मिनट तक भूनें. फिर इसमें टोमैटो कॉनकासे डालकर और दो से तीन मिनट तक भूनें.

- अब इसमें काली मिर्च, तेज पत्ता और नमक डालकर दो से तीन मिनट तक या सॉस गाढ़ा होने तक चलाएं.

- चीज़ सॉस बनाने के लिए व्हाइट सॉस में कद्दूकस किया हुआ चीज़ डालें और अच्छी तरह मिला लें.

- तैयार चीज़ सॉस को टोमैटो सॉस में डालें. फिर इसमें पाव कप वेजिटेबल स्टॉक डालें और मिश्रण में एक उबाल लाएं. आँच पर से उतार लें और फिर इसे छान लें.

- सात इंच की चौकोर बेकिंग डिश लेकर उसमें सबसे पहले प्याज़, फिर हरी और लाल शिमला मिर्च फिर बैंगन और सबसे बाद में आलू इस तरह से सब्ज़ियों की एक के ऊपर एक परते बना लें. प्रत्येक परत पर नमक और चूरी हुई काली मिर्च छिड़कें.
- सब्ज़ियों की परतों पर टोमैटो चीज़ सॉस उंडेल दें.
- फिर इन पर ताज़ा ब्रेडक्रम्ब्स डालें और सबसे ऊपर कद्दूकस किया हुआ चीज़ डालें. इसे अवन में बीस मिनट तक या चीज़ के सुनहरे हो जाने तक बेक करें.
- इसे ब्राउन ब्रेड के साथ गरमागरम सर्व करें.

नोटः 1 कप कॉनकासे बनाने के लिए 5 मध्यम आकार के टमाटरों को भरपूर उबलते पानी में दो मिनट तक ब्लान्च करें. निथारें और फिर ठंडे पानी में डालें. ठंडे पानी में से निकालकर इन्हें छीलें. फिर इसके दो टुकड़े करें और बीज निकालकर मोटा–मोटा काट लें.

बेक्ड मिक्स्ड वेजिटेबल्स

छोले धनिया मसाला

छोले धनिया मसाला

- ¾ कप काबुली चने
- 1½ छोटा चम्मच धनिया
- 1 छोटा गुच्छा (50 ग्राम) ताज़ा हरा धनिया
- ¼ कप चना दाल
- नमक स्वादानुसार
- ½ इंच दालचीनी
- 1½ छोटे चम्मच जीरा
- 1 बड़ी इलायची
- 4–5 लौंग
- 2 हरी मिर्चें
- 4 बड़े चम्मच घी
- 1 मध्यम आकार का प्याज़, फाँकें किया हुआ
- 1 छोटा चम्मच लहसुन की पेस्ट
- 1 छोटा चम्मच अदरक की पेस्ट
- ½ बड़ा चम्मच आमचूर पाउडर
- ½ बड़ा चम्मच गरम मसाला
- काला नमक स्वादानुसार
- ¼ छोटा चम्मच लाल मिर्च पाउडर

❍ काबुली चने और चने की दाल को अलग–अलग चार से छह घंटों तक भिगोकर रखें. निथारें और फिर उन्हें मिला लें. तीन कप पानी और थोड़ा सा नमक डालकर उन्हें प्रेशर कुकर में पाँच से छह सीटियाँ होने तक पका लें.

- दालचीनी, जीरा, धनिया, बड़ी इलायची और लौंग को हल्का सा भून लें और फिर इनकी पाउडर बना लें. ताज़े हरे धनिये और हरी मिर्चों को पीसकर पेस्ट बना लें.

- एक नॉन–स्टिक कड़ाही में तीन बड़े चम्मच घी गरम करें. इसमें प्याज़ डालें और तीन से चार मिनट तक सुनहरे भूरे होने तक इसे भूनें. लहसुन की पेस्ट और अदरक की पेस्ट डालकर और थोड़ी देर तक भूनें.

- फिर इसमें भुने हुए मसालों की पाउडर, आमचूर पाउडर, गरम मसाला, काला नमक और हरे धनिये की पेस्ट डालकर दो–तीन मिनट तक या मसालों में से घी छूटने लगे तब तक भूनें.

- अब इसमें काबुली चने और चने की दाल डालकर अच्छी तरह मिलाएं. यदि मिश्रण बहुत सूखा लग रहा हो तो आधा कप पानी डालें. चखकर नमक स्वादानुसार कर लें और फिर छोलों में एक उबाल आने दें. आँच कम कर दें और छोलों को चार से पाँच मिनट तक उबलने दें.

- एक छोटे नॉन–स्टिक पैन में बचा हुआ घी गरम करें. इसे आँच पर से उतार लें. फिर इसमें लाल मिर्च पाउडर डालें और इसे तुरंत छोलों पर उंडेल दें. छोलों पर तुरंत ढक्कन रख दें और इसे पाँच मिनट तक ऐसे ही रहने दें.

- इसे रोटी या पूरी के साथ गरमागरम परोसें.

हाँडी बिरयानी

- 1½ कप चावल, भिगोकर निथारे हुए
- 4 मध्यम आकार के प्याज़
- थोड़ा सा केसर
- कुछ बूंदे केवड़े का पानी
- नमक स्वादानुसार
- 2–3 छोटी इलायची
- 1 बड़ी इलायची
- 2–3 लौंग
- 1 इंच दालचीनी
- 1 तेजपत्ता
- 1 मध्यम आकार की गाजर ½ इंच के चौकोर टुकड़ों में कटी हुई
- ¼ मध्यम आकार की फूलगोभी, छोटे फूल अलग किए हुए
- 10–15 फ्रेंच बीन्स, ½ इंच के टुकड़ों में कटी हुई
- ½ कप मटर के दाने
- 2 बड़े चम्मच तेल + तलने के लिए
- ½ छोटा चम्मच शाही जीरा
- ½ बड़ा चम्मच अदरक पेस्ट
- ½ बड़ा चम्मच लहसुन पेस्ट
- 4–5 हरी मिर्चें, कटी हुई

1 बड़ा चम्मच धनिया पाउडर	½ छोटा चम्मच गरम मसाला
1 छोटा चम्मच हल्दी	2 बड़े चम्मच कटा हुआ ताज़ा हरा धनिया
1 छोटा चम्मच लाल मिर्च पाउडर	2 बड़े चम्मच कटा हुआ ताज़ा पुदीना
¾ कप दही	2 बड़े चम्मच घी
2 मध्यम आकार के टमाटर, कटे हुए	1 इंच अदरक, पतली पट्टियों में कटा हुआ

- एक प्याज़ को बारीक काट लें और बाकी के प्याज़ों की फाँकें कर लें.
- केसर को केवड़े के पानी में भिगोएं. नमक डाले हुए चार कप उबलते पानी में छोटी इलायची, बड़ी इलायची, लौंग, दालचीनी और तेजपत्ता डालें. इसमें चावल को लगभग पकने तक पका लें. निथारें और फिर एक तरफ रख दें.
- गाजर, फूलगोभी, फ्रेंच बीन्स और मटर को तीन कप नमक डाले पानी में लगभग पकने तक पका लें. निथारें और फिर इन्हें बहते हुए ठंडे पानी के नीचे रखें. निकाल कर अलग रख दें.
- नॉन–स्टिक कड़ाही में पर्याप्त मात्रा में तेल गरम करें. इसमें प्याज़ की फाँकों को सुनहरा भूरा होने तक तल लें. निकाल कर तेल सोखने वाले कागज़ पर रखें. इसे एक तरफ रख दें.

- भारी पेंदे वाले नॉन–स्टिक पैन में दो बड़े चम्मच तेल गरम करें. इसमें शाही जीरा डालें. जब इनका रंग बदलने लगे तब इसमें बारीक कटा हुआ प्याज़ डालें और उसे सुनहरा भूरा होने तक भून लें.
- इसमें अदरक की पेस्ट, लहसुन की पेस्ट, हरी मिर्च, धनिया पाउडर, हल्दी, लाल मिर्च पाउडर और दही डालकर अच्छी तरह से मिला लें. टमाटर डालें और मध्यम आँच पर तेल छूटने तक भूनें. उबली हुई सब्ज़ियाँ और नमक डालकर अच्छी तरह मिला लें.
- हाँडी में पकाई हुई सब्जियों और चावलों की एक के बाद एक परतें बिछाएं. परतों के बीच में और सबसे ऊपर केसर वाला केवड़े का पानी, गरम मसाला, कटा हुआ हरा धनिया, पुदीने की पत्तियाँ, तले हुए प्याज़ और घी डालें. इस बात का ध्यान रखें कि सबसे ऊपर चावल की परत हो और उस पर केसर वाला पानी और मसाले डाले गए हों.
- हाँडी को अल्युमीनियम फॉइल या गूँधे हुए आटे से अच्छी तरह बंद कर दें. हाँडी को तवे पर रखें और धीमी आँच पर लगभग बीस मिनट तक पकनें दें.
- अदरक की पट्टियों से सजाएं और रायते के साथ गरमागरम परोसें.

पनीर कालिया

500 ग्राम पनीर, 1 इंच के चौकोर टुकड़ों में कटा हुआ
½ कप बादाम, ब्लांच करके, छीलकर पीसे हुए
2 बड़े चम्मच देसी घी
4 छोटी इलायची
4 लौंग
10 काली मिर्चें
1 इंच दालचीनी
2 मध्यम आकार के प्याज़, फाँकें किए हुए
1 इंच अदरक, कटा हुआ
2 बड़े चम्मच धनिया
½ छोटा चम्मच हल्दी
नमक स्वादानुसार
2 बड़े चम्मच कटा हुआ ताज़ा हरा धनिया

- एक नॉन–स्टिक कड़ाही में एक बड़ा चम्मच घी गरम करें. खरल में इलायची, लौंग और काली मिर्च को दरदरा कूट लें और फिर इन्हें घी में डालें. दालचीनी और प्याज़ डालकर दो से तीन मिनट तक चलाएं.
- अदरक और धनिया डालकर और एक मिनट तक भूनें. आँच पर से उतार लें. थोड़ा ठंडा होने के बाद इसमें एक बड़ा चम्मच पानी डालें और पीसकर महीन पेस्ट बना लें.

- उसी नॉन–स्टिक पैन में बचा हुआ घी गरम करें. इसमें पीसी हुई मसाला पेस्ट डालें और घी छूटने तक भूनें. इसमें एक बड़ा चम्मच पानी डालें ताकि यह तली में चिपक कर जल न जाए.
- बादाम की पेस्ट में एक कप पानी मिलाएं और फिर इसे मसाले में डाल दें. हल्दी डालें और थोड़ी देर उबलने दें. स्वादानुसार नमक डालें और अच्छी तरह मिला लें.
- पनीर के टुकडे डालें और दस मिनट तक धीमी आँच पर उबलने दें. बारीक कटे हरे धनिये से सजाकर इसे गरमागरम सर्व करें.

पेन्ने विद क्रीमी पेस्तो एण्ड चेरी टोमैटोज़

200 ग्राम पेन्ने पास्ता (क्विल के आकार का पास्ता), पकाया हुआ

¼ कप क्रीम

20 चेरी टमाटर

2 बड़े चम्मच जैतून का तेल

2 लहसुन की कलियाँ, फाँकें की हुई

5–6 काली मिर्च, चूरी हुई

नमक स्वादानुसार

पेस्तो सॉस

30–40 (¾ कप) तुलसी की पत्तियाँ	¼ कप हाथों से चूरा हुआ पार्मेसान चीज़
4 लहसुन की कलियाँ	5 बड़े चम्मच जैतून का तेल
3 बड़े चम्मच चिलगोज़े	

- पेस्तो सॉस बनाने के लिए तुलसी की पत्तियों, लहसुन, चिलगोज़ों और पार्मेसान चीज़ को पीस लें. इसमें थोड़ा–थोड़ा करके जैतून का तेल डालें और चिकना होने तक पीसें.
- एक नॉन–स्टिक पैन में दो बड़े चम्मच जैतून का तेल गरम करें.
- इसमें लहसुन की फाँकें डालें और सुनहरी भूरी होने तक भूनें. फिर चेरी टमाटर, पास्ता, काली मिर्च और नमक डालकर उछालते हुए अच्छी तरह मिला लें.
- पेस्तो सॉस डालें और उछालते हुए मिला लें. क्रीम डालें और फिर से उछालते हुए मिलाएं ताकि पास्ता पर सॉस अच्छी तरह से लग जाए.
- इसे लगभग एक मिनट तक पकाएं ताकि पास्ता अच्छी तरह गरम हो जाए. गरमागरम सर्व करें.

पेन्ने विद क्रीमी पेस्तो एण्ड चेरी टोमैटोज़

पोटेटो चीज़ बॉल्स इन स्पिनेच ग्रेवी

पोटेटो चीज़ बॉल्स इन स्पिनेच ग्रेवी

2 मध्यम आकार के आलू, उबालकर मसले हुए

200 ग्राम पनीर, मसला हुआ

3 बड़े चम्मच कॉर्नफ्लोर

½ छोटा चम्मच लाल मिर्च पाउडर

½ इंच अदरक, कटा हुआ

नमक स्वादानुसार

½ छोटा चम्मच सफ़ेद मिर्च पाउडर

12–15 काजू, कटे हुए

12–15 किशमिश

तेल, तलने के लिए

पालक की ग्रेवी

500 ग्राम पालक के ताज़े पत्ते

2 हरी मिर्चें, कटी हुई

3 बड़े चम्मच तेल

½ छोटा चम्मच शाही जीरा

5–6 लहसुन की कलियाँ, कटी हुई

½ कप टोमैटो प्यूरी

½ छोटा चम्मच हल्दी

1 छोटा चम्मच धनिया पाउडर

नमक स्वादानुसार

1 छोटा चम्मच गरम मसाला

¼ कप क्रीम

- मसले हुए पनीर और आलू, कॉर्नफ्लोर, लाल मिर्च पाउडर, अदरक, नमक और सफ़ेद मिर्च पाउडर को मिला लें. इस मिश्रण के सोलह समान भाग कर लें. प्रत्येक गोले में काजू और किशमिश भरें.
- एक नॉन–स्टिक कड़ाही में भरपूर मात्रा में तेल गरम करें और उसमें इन गोलों को सुनहरा भूरा होने तक तल लें. एक बार में केवल चार–पाँच गोले ही तलें. तेल में से निकालकर इन्हें तेल सोखने वाले कागज़ पर रखें. इन्हें अलग रख दें.
- ग्रेवी बनाने के लिए पालक के पत्तों को भरपूर पानी में ब्लांच कर लें. निथार कर बहते हुए ठंडे पानी के नीचे रखें. फिर से निथार लें. हरी मिर्चों के साथ पीसकर इसकी चिकनी प्यूरी बना लें.
- नॉन–स्टिक हाँडी में तीन बड़े चम्मच तेल गरम करें. इसमें शाही जीरा और लहसुन डालकर दो तीन मिनट तक भूनें. पालक की प्यूरी डालें और लगभग दो से तीन मिनट तक पकाएं. फिर इसमें टोमैटो प्यूरी डालें और अच्छी तरह मिला लें.
- हल्दी, धनिया पाउडर और नमक डालें. चलाएं और लगभग चार से पाँच मिनट तक पकाएं.
- एक कप पानी डालें और ग्रेवी में एक उबाल आने दें. आँच कम कर दें और धीमी आँच पर पाँच से सात मिनट तक उबलने दें. गरम मसाला डालें और ग्रेवी को आधी हो जाने तक पकाएं. आँच कम करें और फिर क्रीम डालकर आधे मिनट तक पकाएं. आँच पर से उतार लें.
- कोफ्तों को सर्विंग डिश में जमाकर रखें. इन पर उबलती हुई ग्रेवी उड़ेलें और गरमागरम डिश सर्व करें.

चिली–लेमन स्ट्यूड वेजिटेबल्स विद नूडल्स

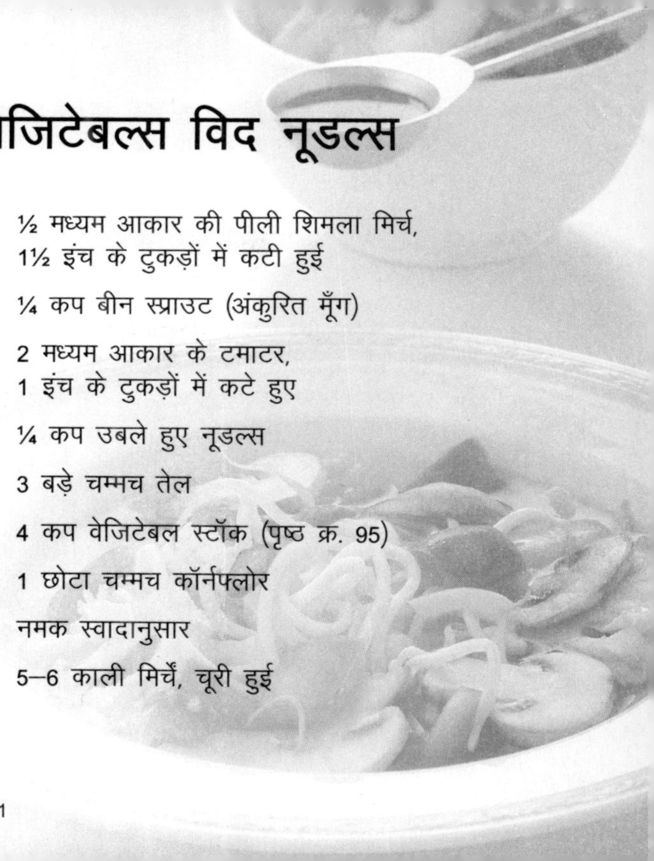

2 हरी मिर्चें, फाँके की हुई

2 लेमन ग्रास के डंठल, कटे हुए

1 बड़ा चम्मच नींबू का रस

7–8 फूलगोभी के छोटे फूल, पतली फाँकें किए हुए

7–8 ताज़े बटन मशरूम, पतली फाँकें किए हुए

¼ कप स्वीट कॉर्न के दाने

1 छोटी हरी शिमला मिर्च, 1½ इंच के टुकड़ों में कटी हुई

½ मध्यम आकार की लाल शिमला मिर्च, 1½ इंच के टुकड़ों में कटी हुई

½ मध्यम आकार की पीली शिमला मिर्च, 1½ इंच के टुकड़ों में कटी हुई

¼ कप बीन स्प्राउट (अंकुरित मूँग)

2 मध्यम आकार के टमाटर, 1 इंच के टुकड़ों में कटे हुए

¼ कप उबले हुए नूडल्स

3 बड़े चम्मच तेल

4 कप वेजिटेबल स्टॉक (पृष्ठ क्र. 95)

1 छोटा चम्मच कॉर्नफ्लोर

नमक स्वादानुसार

5–6 काली मिर्चें, चूरी हुई

- एक नॉन–स्टिक कड़ाही में एक बड़ा चम्मच तेल गरम करें. नूडल्स डालें और उन्हें हल्के भूरे होने तक भून लें. नूडल्स को एक सर्विंग डिश में निकाल लें और इन्हें गरम ही रखें. इस कड़ाही में बचा हुआ तेल गरम करें.

- इसमें हरी मिर्चें और लेमन ग्रास डालकर एक मिनट तक भूनें. फूलगोभी, मशरूम, कॉर्न, शिमला मिर्च, बीन स्प्राउट्स और टमाटर डालें. कुछ देर तक चलाते हुए भूनें.

- वेजिटेबल स्टॉक डालें और मिश्रण में एक उबाल लाएं. कॉर्नफ्लोर को एक बड़े चम्मच पानी में घोल लें और फिर इसे कड़ाही में डालें. मिश्रण को थोड़ा गाढ़ा होने तक पकाएं. नमक, चूरी हुई काली मिर्च और नींबू का रस डालकर हल्के हाथों से मिला लें. इसे नूडल्स के ऊपर डालें और गरमागरम डिश सर्व करें.

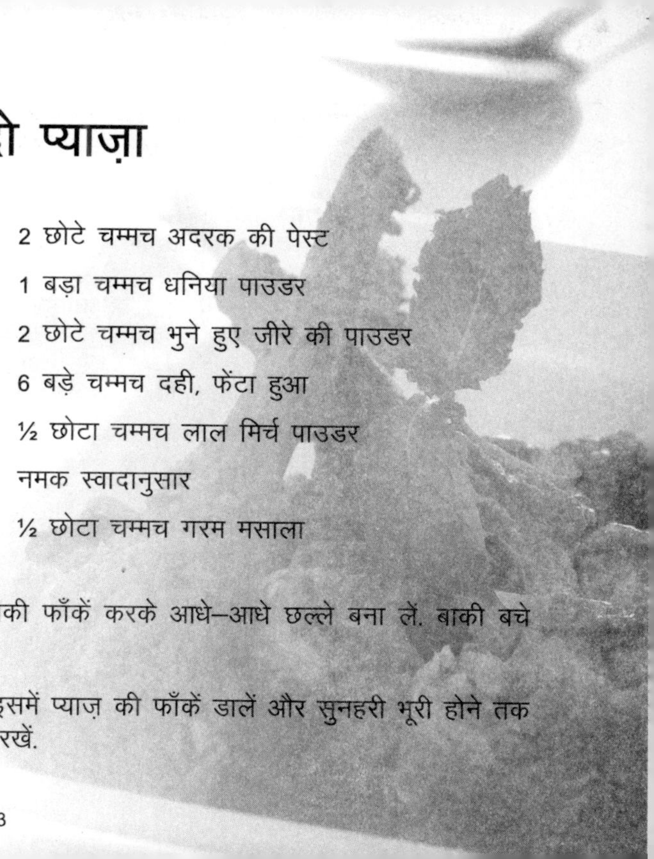

चॉप्स दो प्याज़ा

- 1 किलोग्राम मेमने (लेम्ब) के चॉप्स
- 4 बड़े प्याज़
- 10 बड़े चम्मच तेल
- 1 इंच दालचीनी
- 10 छोटी इलायची
- 10 लौंग
- 2 छोटे चम्मच लहसुन की पेस्ट
- 2 छोटे चम्मच अदरक की पेस्ट
- 1 बड़ा चम्मच धनिया पाउडर
- 2 छोटे चम्मच भुने हुए जीरे की पाउडर
- 6 बड़े चम्मच दही, फेंटा हुआ
- ½ छोटा चम्मच लाल मिर्च पाउडर
- नमक स्वादानुसार
- ½ छोटा चम्मच गरम मसाला

- तीन प्याज़ों को खड़े में आधा काट लें. फिर इनकी फाँकें करके आधे–आधे छल्ले बना लें. बाकी बचे एक प्याज़ को बारीक काट लें.

- भारी पेंदे के नॉन–स्टिक पैन में तेल गरम करें. इसमें प्याज़ की फाँकें डालें और सुनहरी भूरी होने तक चलाएं. निकालकर तेल सोखने वाले कागज़ पर रखें.

- पैन मे बचे हुए तेल में दालचीनी, इलायची और लौंग डालें. मध्यम आँच पर खुशबू उठने तक भूनें. फिर इसमें मेमने के चॉप्स डालें और भूरे होने तक भूनें. इन्हें निकालकर एक बाउल में रख दें.
- इसी पैन में कटा हुआ प्याज़ डालें और मध्यम आँच पर तेल छूटने तक भूनें. धनिया पाउडर और जीरा पाउडर डालकर लगभग आधे मिनट तक भूनें.
- एक बार में एक बड़ा चम्मच दही डालते हुए मसाले में सारा दही अच्छी तरह से मिला लें. मेमने के चॉप्स, डेढ़ कप पानी, लाल मिर्च पाउडर और नमक डालें, अच्छी तरह से मिलाएं और मिश्रण में एक उबाल आने दें.
- ढकें और धीमी आँच पर लगभग पैतालीस मिनट तक पकाएं ताकि मेमने के चॉप्स गलकर नरम हो जाएं, यदि यह बहुत सूखा लग रहा हो तो इसमें एक कप गरम पानी डाल दें.
- तले हुए प्याज़ और गरम मसाला डालकर अच्छी तरह मिला लें. चखकर मसाले स्वादानुसार कर लें और बिना ढके और दो से तीन मिनट तक हल्के हाथों से हिलाते हुए पका लें. गरमागरम परोसें.

इग्गरू रोया

(तटीय केरल की प्रॉन करी)

36 (350 ग्राम) मध्यम आकार के झींगे
5 बड़े चम्मच तेल
1 कप कद्दूकस किया हुआ ताज़ा नारियल
8 सूखी लाल मिर्चें, तोड़ी हुई
1 छोटा चम्मच जीरा
½ छोटा चम्मच मेथी दाना
10–12 काली मिर्च
2 मध्यम आकार के प्याज़, कटे हुए
2 छोटे चम्मच अदरक की पेस्ट
2 छोटे चम्मच लहसुन की पेस्ट
2 मध्यम आकार के टमाटर, कटे हुए
नमक स्वादानुसार
10–12 कढ़ी पत्ते
2 बड़े चम्मच कटा हुआ ताज़ा हरा धनिया

- झींगों को छीलें और उनकी नस निकाल दें. उन्हें पोंछकर सुखा लें.
- नॉन–स्टिक कड़ाही में दो बड़े चम्मच तेल गरम करें.

- इसमें नारियल, सूखी लाल मिर्च, जीरा, मेथीदाना और काली मिर्च डालें, नारियल को हल्का भूरा होने तक भून लें. ठंडा करें और फिर पीसकर दरदरी पेस्ट बना लें.

- इसी कड़ाही में बचा हुआ तेल गरम करें. प्याज़ डालें और सुनहरे भूरे होने तक भून लें. अदरक की पेस्ट और लहसुन की पेस्ट डालकर उन्हें सूखने तक भून लें. फिर उसमें नारियल की दरदरी पेस्ट डालें और चलाएं.

- टमाटर, नमक और कढ़ी पत्ते डालकर धीमी आँच पर तीन से चार मिनट तक भूनें. झींगे डालें और अच्छी तरह उछालकर मिला लें. झींगों को पूरी तरह पकने तक पकाएं.

- कटे हुए हरे धनिये से सजाएं और गरमागरम सर्व करें.

शेफ का सुझावः पारंपरिक रूप से इसका मसाला बहुत गाढ़ा होता है
परंतु आप यदि इसे चावल के साथ खाना चाहते हों तो रसा थोड़ा पतला बनाएं.

इग्गरु रोया

ग्रीन चिली चिकन

ग्रीन चिली चिकन

1 पूरा (800 ग्राम) चिकन 1½ इंच के टुकड़ों में कटा हुआ
1 कप पूरी छोटी हरी मिर्चें
3 हरी मिर्चें, कटी हुई
2 मध्यम आकार के प्याज़, चार टुकड़े किए हुए
10 लहसुन की कलियाँ
1½ इंच अदरक, फाँकें किया हुआ
½ कप कटा हुआ ताज़ा हरा धनिया
नमक स्वादानुसार
3 बड़े चम्मच तेल
¾ छोटा चम्मच जीरा
¼ छोटा चम्मच हल्दी
1 छोटा चम्मच भुने हुए जीरे की पाउडर
2 छोटे चम्मच धनिया पाउडर
1 छोटा चम्मच गरम मसाला

- हरी मिर्चों, प्याज़, अदरक, लहसुन, कटे हुए हरे धनिये और नमक को एक साथ पीस लें.
- चिकन को इस मिश्रण में लगभग आधे घंटे तक मैरिनेट करें.

- नॉन–स्टिक कड़ाही में तेल गरम करें. इसमें जीरा डालें. जब जीरे का रंग बदलने लगे तब उसमें हल्दी डालें.
- मैरिनेट किया हुआ चिकन और छोटी साबूत हरी मिर्चें डालकर अच्छी तरह मिला लें. धनिया पाउडर और जीरा पाउडर डालकर चलाते हुए मिला लें.
- गरम मसाला डालें और चखकर मसालें स्वादानुसार कर लें. आधा कप पानी डालकर उसे ढक दें. मध्यम आँच पर लगभग आठ से दस मिनट तक पकने दें.
- आँच कम कर दें और चिकन को नरम होने तक या आठ से दस मिनट तक और पकाएं.
- गरमागरम परोसें.

मुग़लाई गोश्त बिरयानी

750 ग्राम मटन (हड्डी सहित), 1 इंच के टुकड़ों में कटा हुआ

1½ कप बासमती चावल, पकाए हुए

नमक स्वादानुसार

1 मध्यम आकार का प्याज़, कटा हुआ

4 लहसुन की कलियाँ

1 इंच अदरक, मोटा कटा हुआ

15–20 बादाम, ब्लांच करके, लंबे पतले टुकड़े किए हुए

1 बड़ी चुटकी केसर

1 बड़ा चम्मच दूध

½ कप तेल

1 कप दही

¼ छोटा चम्मच लाल मिर्च पाउडर

2 बड़े चम्मच मक्खन

1 कप तले हुए प्याज़

3 हार्ड–बॉइल्ड अंडे, चार टुकड़े किए हुए

10–12 सुलताना, तली हुई

मसाला पाउडर

5–6 लौंग

5–6 काली मिर्च

½ छोटा चम्मच छोटी इलायची के दाने

1 छोटा चम्मच जीरा

1 छोटा चम्मच धनिया

1 इंच दालचीनी

¼ छोटा चम्मच कद्दूकस किया हुआ जायफल

- प्याज़, अदरक, लहसुन और आधे बादामों को तीन बड़े चम्मच पानी के साथ पीसें और चिकनी पेस्ट बना लें. केसर को दूध में भिगो दें.

- भारी पेंदे वाले नॉन–स्टिक फ्राइंग पैन में तेल गरम करें. इसमें बचे हुए आधे बादाम डालें और सुनहरे होने तक तल लें. निकाल कर अलग रख दें. इसी पैन में मटन के टुकड़ों को भी भूरा होने तक तल लें. निकालकर अलग रख दें.

- बचे हुए तेल में प्याज़ और बादाम की पेस्ट को हल्का भूरा होने तक भूनें. इसमें तले हुए मटन के टुकड़े डालें और अच्छी तरह मिलाएं. दही और नमक डालें. एक कप पानी डालें और ढककर धीमी आँच पर आधे घंटे तक इसे पकने दें.

- मसाला पाउडर की सारी समग्री को एक साथ पीस लें. इसे मटन में डालें. लाल मिर्च पाउडर भी डालें. इसे तीस मिनट तक या मटन के नरम होने तक पकने दें. ग्रेवी गाढ़ी और चिकनी हो जानी चाहिए.

- अवन को 150°C/300°F/गैस मार्क 2 पर पहले से ही गरम कर लें. एक बड़ी सी बेकिंग डिश में मक्खन लगाएं. मटन को ग्रेवी के साथ इस डिश में उंडेल दें. इस पर चावल फैला दें. केसर वाला दूध और आधे तले हुए प्याज़ डालें. डिश को अल्युमीनियम फॉइल से ढक दें और अवन में एक घंटे तक पकाएं.

- परोसने से पहले बिरयानी को हल्के हाथों से मिला लें. इसे उबले हुए अंडों, बचे हुए भूरे प्याज़, तली हुई सुलताना और बादाम से सजाकर तुरंत परोसें.

सीफूड पड थाई

12 छोटे झींगे, छीलकर नस निकाले हुए

100 ग्राम फिश फिलेट्स, 1 इंच के टुकडों में कटे हुए

8–10 म्यूसल्स या क्लैम्स

200 ग्राम चपटे नूडल्स, उबाले हुए

3 बड़े चम्मच तेल

5–6 हरे प्याज़, कटे हुए

5–6 लहसुन की कलियाँ, कटी हुई

1 मध्यम आकार की हरी शिमला मिर्च, पतली पट्टियों में कटी हुई

नमक स्वादानुसार

1 छोटा चम्मच सोया सॉस

2 बड़े चम्मच ब्राउन शुगर

2 ताज़ी लाल मिर्चें, तिरछी कटी हुई

5–6 हरे प्याज़, पत्तियों सहित, कटे हुए

3 बड़े चम्मच भुनी हुई मूँगफली, दरदरी पीसी हुई

1 बड़ा चम्मच नींबू का रस

½ कप बीन स्प्राउट्स

- किचन टॉवेल से पोंछकर झींगों को सुखा लें. म्यूसल्स या कलैम्स को चाकू से खोलें और मांस बाहर निकाल लें.

- नॉन–स्टिक पैन में तेल गरम करें. इसमें हरे प्याज़, लहसुन, झींगे, फिश के टुकड़े, म्यूसल्स या कलैम्स और हरी शिमला मिर्च डालकर उछालते हुए अच्छी तरह मिला लें. फिर नूडल्स, नमक, सोया सॉस और ब्राउन शुगर डालकर थोड़ा और उछालें.

- इसमें लाल मिर्चें, हरे प्याज़ की पत्तियाँ और दरदरी पीसी मूँगफली, थोड़ी बचा कर रखें, एक–एक कर डालते जाएं. प्रत्येक सामग्री को डालने के बाद उसे उछालते हुए मिला लें. निकालकर सर्विंग डिश में रखें. नींबू का रस और बीन स्प्राउट्स डालें. बचाकर रखी हुई मूँगफली डालकर तुरंत सर्व करें.

नोटः नूडल्स को पकाने के लिए एक बड़े नॉन–स्टिक पैन में सात से आठ कप पानी उबालें. इसमें चपटे नूडल्स डालें और उन्हें ऑल डेन्टे (दाँत से काटने पर थोड़े सख्त लगें) होने तक पकाएं. निथारें और फिर ठंडे पानी में डालकर निकाल लें. ठंडे करने के लिए इन्हें एक प्लेट में फैला दें.

जम्मू का आलू अनारदाना पराँठा

2 बड़े आलू, उबालकर मसले हुए

1 छोटा चम्मच अनार दाने, भूनकर पाउडर किए हुए

2 कप गेहूँ का आटा

नमक स्वादानुसार

2 बड़े चम्मच दूध

2 बड़े चम्मच दही	2 हरी मिर्चें, कटी हुई
1 छोटा प्याज़, कटा हुआ	1 छोटा चम्मच चाट मसाला
½ छोटा चम्मच लाल मिर्च पाउडर	2 बड़े चम्मच कटा हुआ ताज़ा हरा धनिया

- एक बाउल में गेहूँ का आटा लें. उसमें नमक, दूध, दही और पर्याप्त पानी डालकर नरम आटा गूँध लें.
- गीले कपड़े से ढककर इसे पंद्रह मिनट के लिए अलग रख दें. साने हुए आटे के आठ बराबर भाग कर लें.
- मसले हुए आलुओं में प्याज़, लाल मिर्च पाउडर, हरी मिर्च, अनारदाने की पाउडर, चाट मसाला, कटा हुआ हरा धनिया और नमक डालकर अच्छी तरह से मिला लें. इस मिश्रण के भी आठ बराबर भाग कर लें.
- साने हुए आटे की लोई को बेलकर उसकी छोटी पूरी बना लें. इस पूरी के बीच में आलू के भरावन का एक हिस्सा रखें. पूरी के किनारों को मिलाते हुए फिर से लोई बना लें. अब इसका पराँठा बेल लें.
- तवा गरम करें. इस पर पराँठा डालें और उसे आधे मिनट तक सेंके, पलटें और फिर ऊपरी सतह पर थोड़ा सा पानी लगाएं. फिर से पलटें और दूसरी तरफ भी थोड़ा पानी लगाएं.
- पराँठे को दोनों ओर से समान रूप से भूरा हो जाने तक सेंके. ताज़े दही के साथ गरमागरम पराँठे परोसें.

हर्ब एण्ड गार्लिक ब्रेड

1 बड़ा चम्मच सूखा ऑरेगेनो

10–12 लहसुन की कलियाँ, कटी हुई

1 फ्रेंच लोफ

100 ग्राम मक्खन

- अवन को 200°C/400°F/गैस मार्क 6 पर पहले से ही गरम कर लें.
- मक्खन को थोड़ा नरम कर लें. उसमें ऑरेगेनो और लहसुन की कलियाँ डालकर अच्छी तरह से मिला लें.
- लोफ को पूरा काटे बिना उसकी एक इंच मोटी स्लाइसेस काट लें. इन स्लाइसों के बीच में लहसुन वाला मक्खन लगाएं. लोफ को अल्युमीनियम फॉइल में लपेट लें और फिर उसे पहले से गरम किए हुए अवन में पंद्रह मिनट तक बेक करें.
- स्लाइसों को अलग करके गरमागरम सर्व करें.

हर्ब एण्ड गार्लिक ब्रेड

अंगूर और अखरोट का रायता

अंगूर और अखरोट का रायता

25–30 हरे अंगूर, दो टुकड़े किए हुए
¼ कप अखरोट की गिरी, कटी हुई
2 कप दही, फेंटा हुआ
नमक स्वादानुसार
1½ छोटे चम्मच शक्कर
½ छोटा चम्मच भुने हुए जीरे की पाउडर
2 बड़े चम्मच कटा हुआ ताज़ा पुदीना
बड़ी चुटकी लाल मिर्च पाउडर

- एक बड़े बाउल में दही लें और उसमें नमक, शक्कर और जीरा पाउडर डालें. अब इसे अच्छी तरह फेंट लें.
- अंगूर, अखरोट की गिरी और पुदीने की पत्तियाँ डालकर हल्के हाथों से मिला लें. ठंडा करने के लिए फ्रिज में रखें.
- लाल मिर्च पाउडर छिड़कें और परोसें.

मेथीवाली अरहर की दाल

125 ग्राम ताज़ी मेथी, कटी हुई
1 कप अरहर की दाल
½ छोटा चम्मच हल्दी
नमक स्वादानुसार
1 छोटा चम्मच कद्दूकस किया हुआ गुड़

1 बड़ा चम्मच देसी घी
6 लहसुन की कलियाँ
¼ छोटा चम्मच हींग
½ छोटा चम्मच लाल मिर्च पाउडर

- अरहर की दाल को दो कप पानी में एक घंटे तक भिगोकर रखें. निथार लें. भिगोई हुई दाल में तीन कप पानी और हल्दी डालकर प्रेशर कुकर में उसे चार सीटी होने तक पका लें. जब प्रेशर पूरी तरह से निकल जाए तब ढक्कन खोलें. कड़छुल से दाल को अच्छी तरह घोट लें. इसमें आधा कप पानी और गुड़ डालकर एक उबाल लाएं. कुछ मिनट तक पकाएं.

- एक नॉन–स्टिक पैन में घी गरम करें. इसमें लहसुन और हींग डालकर लहसुन को हल्की भूरी होने तक भून लें. मेथी डालें और दो से तीन मिनट तक चलाएं. फिर पकायी हुई दाल और लाल मिर्च पाउडर डालें और अच्छी तरह मिलाएं. दाल यदि ज्यादा गाढ़ी लग रही हो तो उसमें थोड़ा सा पानी डालें. गरमागरम दाल परोसें.

भिंडा नी कढ़ी

- 15 भिंडियाँ, ½ इंच के टुकड़ों में कटी हुई
- 3 बड़े चम्मच तेल
- 2 कप खट्टा दही
- 4 बड़े चम्मच बेसन
- ½ छोटा चम्मच हल्दी
- 1 छोटा चम्मच लाल मिर्च पाउडर
- शक्कर स्वादानुसार (ऐच्छिक)
- नमक स्वादानुसार
- ¾ छोटा चम्मच सरसों
- ½ छोटा चम्मच मेथीदाना
- 1 इंच अदरक, पतली पट्टियों में कटा हुआ
- 2 हरी मिर्चें, कटी हुई
- ¼ छोटा चम्मच हींग
- 2 बड़े चम्मच कटा हुआ ताज़ा हरा धनिया

- एक नॉन–स्टिक पैन में दो बड़े चम्मच तेल गरम करें. इसमें भिंडी डालें और हल्की भूरी होने तक भून लें. दही में बेसन, हल्दी, लाल मिर्च पाउडर, शक्कर और नमक डालकर उसे चिकना होने तक फेंट लें. चार कप पानी मिलाकर फिर से फेंट लें.
- नॉन–स्टिक कड़ाही में बचा हुआ तेल गरम करें. इसमें सरसों और मेथीदाना डालें. जब वो तड़कने लगे तब उसमें अदरक, हरी मिर्चें और हींग डालकर आधे मिनट तक भूनें. इसमें दही का मिश्रण डालें और एक उबाल लाएं. आँच कम कर दें और धीमी आँच पर लगातार चलाते हुए उसे गाढ़ा होने तक पकाएं.
- अब इसमें तली हुई भिंडी डालें और दो या तीन मिनट तक धीमी आँच पर उबलने दें. ताज़े हरे धनिये से सजाएं और गरमागरम सर्व करें.

तिरामिसु

12 चॉकलेट स्पंज केक की स्लाइसेस (175 ग्राम प्रत्येक)
½ बड़ा चम्मच अनफ्लेवर्ड जिलेटिन
1 कप गाढ़ा क्रीम
½ कप पीसी शक्कर
3 अंडे की ज़रदी
¼ कप शक्कर
2 बड़े चम्मच + 2 छोटे चम्मच इन्स्टंट कॉफी पाउडर
¾ कप मेसकरपोन चीज़
चॉकलेट कर्ल्स, सजाने के लिए

- केक की प्रत्येक स्लाइस के लंबाई में दो टुकड़े कर लें. तीन बड़े चम्मच गरम पानी में जिलेटिन घोल लें. क्रीम में पीसी शक्कर डालें और उसे कड़क होने तक फेंटे, एक तरफ रख दें.

- अंडे की ज़रदी और शक्कर में एक बड़ा चम्मच पानी डालकर उसे डबल बॉयलर में या धीमी आँच पर उबलते पानी के पैन में हीट प्रूफ बाउल में तब तक फेंटे जब तक कि मिश्रण की मोटी रिबन्स न बन जाएं.

- आधे कप पानी में दो बड़े चम्मच इन्स्टंट कॉफी पाउडर मिलाएं और इस मिश्रण में स्पंज केक के लंबे टुकड़ों को भिगोएं. एक स्प्रिंग फॉर्म टिन में स्पंज केक के आधे टुकड़ों की एक परत बिछा दें.

- एक छोटे चम्मच पानी में दो छोटे चम्मच इन्स्टंट कॉफी पाउडर मिलाएं. इस घोल को मेसकरपोन चीज़ और जिलेटिन के साथ अंडे के मिश्रण में डालें और अच्छी तरह मिला लें.

- आधा मिश्रण चॉकलेट केक के टुकड़ों पर उंडेल दें. इस पर चॉकलेट केक के बचे हुए आधे टुकड़े बिछाएं और उनके ऊपर बचा हुआ चीज़ मिश्रण एक समान रूप से फैला दें. इसे जमने के लिए फ्रिज में रख दें.

- जमने के बाद इसे टिन में से निकालें. इसकी फाँकें कर लें. फाँकों को चॉकलेट कर्ल्स से सजाएं और ठंडा तिरामिसु सर्व करें

गिल–ए–फिरदौस

5 बड़े चम्मच चावल
250 ग्राम लौकी, कद्दूकस की हुई
2 बड़े चम्मच देसी घी
6 कप दूध
100 ग्राम खोया/मावा, कद्दूकस किया हुआ
½ कप शक्कर
कुछ बूँद गुलाब एसेंस
10 बादाम, फाँकें किए हुए
थोड़ी सी गुलाब की पंखुड़ियाँ

- चावल को एक कप पानी में लगभग एक घंटे तक भिगोकर रखें. निथार कर फैला दें. सूखने के बाद पीसकर इसका दरदरी पाउडर बना लें. पैन में एक कप पानी उबालें और उसमें लौकी डालें. लौकी को नरम होने तक पकाएं. निथारकर अलग रख दें.
- एक गहरे नॉन–स्टिक पैन में घी गरम करें. इसमें चावल की पाउडर डालें और कुछ सेकंड तक भूनें. दूध डालें और एक उबाल आने दें. आँच कम कर दें और चावल के गलकर नरम हो जाने तक पकाएं. लौकी डालें और पाँच मिनट तक धीमी आँच पर पकने दें.
- खोया और शक्कर डालकर मिश्रण को गाढ़ा होने तक पकाएं. मिश्रण इतना गाढ़ा हो जाना चाहिए कि वह चम्मच की निचली सतह पर चिपकने लगे. अब इसमें गुलाब का एसेंस डालें. इसे सर्विंग बाउल्स में निकाल लें और ठंडे होने के लिए इसे अलग रख दें. इस पर बादाम की फाँकें और गुलाब की पंखुडियाँ डालें. ठंडा–ठंडा गिल–ए–फिरदौस खाने को दें.

क्विक चॉकलेट मूस

300 ग्राम डार्क चॉकलेट, छोटे टुकड़ों में तोड़ा हुआ
2 बड़े चम्मच मक्खन
6 कप डबल क्रीम
½ कप केस्टर शुगर

- चॉकलेट और मक्खन को डबल बॉयलर में या गरम पानी के पैन में एक बाउल में रखें.
- मध्यम आँच पर इसे तब तक चलाते रहें जब तक कि चॉकलेट पिघल न जाए और मिश्रण चिकना न हो जाए. आँच पर से उतारकर इसे ठंडा होने के लिए अलग रख दें. पिघले हुए चॉकलेट में आधा क्रीम मिला दें.
- बचे हुए क्रीम में शक्कर डालकर उसे फेंटे. फिर इसे धीरे–धीरे चॉकलेट के मिश्रण में मिलाएं और तीस मिनट तक फ्रिज में रख दें. इस ठंडे चॉकलेट मूस को एक पाइपिंग बैग में भरें. पाइपिंग बैग के मुँह पर एक बड़ा स्टार नोज़ल लगाएं. मूस को पाइपिंग बैग की मदद से ग्लासेस में भरें.
- फिर इसे फ्रिज में रखकर ठंडा करें. ठंडा–ठंडा मूस सर्व करें.

बादाम–पिस्ता कुल्फी

12–15 बादाम, दरदरे पीसे हुए	चुटकी भर केसर
15–20 पिस्ते, दरदरे पीसे हुए	1 टिन (400 ग्राम) मीठा वाला कन्डेन्स्ड मिल्क
1½ लीटर दूध	¼ कप खोया/मावा, कद्दूकस किया हुआ

- भारी पेंदे वाले एक नॉन–स्टिक पैन में दूध गरम करें. जब दूध उबलने लगे तब उसमें केसर डालें. आँच कम कर दें और लगातार चलाते हुए दूध के आधे हो जाने तक उबालें.
- कन्डेन्स्ड मिल्क, बादाम और पिस्ते डालकर अच्छी तरह मिला लें. लगातार चलाते हुए लगभग तीन से चार मिनट तक पकाएं. पैन को आँच पर से उतार लें और मिश्रण को ठंडा होने के लिए अलग रख दें. खोया डालकर अच्छी तरह मिला लें.
- इसे कुल्फी के साँचों में भरें और जमने के लिए फ्रीज़र में रख दें. जमने के बाद कुल्फियों को साँचों में से निकालें और ठंडी–ठंडी कुल्फी खाने को दें.

नोटः समान मात्रा में बादाम, पिस्ता और इलायची लेकर उसकी दरदरी पाउडर बनाकर उसे एक जार या बोतल में भरकर तैयार रखें. आप इसे कुल्फी या अन्य मिठाइयों में डाल सकते हैं.

बादाम–पिस्ता कुल्फी

केसरी फिरनी

केसरी फिरनी

थोड़ा सा केसर 3–4 पिस्ते

2 कप दूध ½ कप शक्कर

3 बड़े चम्मच चावल, भिगोए हुए ¼ छोटा चम्मच छोटी इलायची की पाउडर

- एक बड़े चम्मच दूध में केसर भिगोएं. पिस्तों को ब्लांच करें और फिर छीलकर इनके पतले लंबे टुकड़ें कर लें. नॉन–स्टिक पैन में दूध उबालें और उसे एक तरफ रख दें. चावलों को निथारें और फिर उन्हें दरदरा पीस लें

- दरदरे पीसे चावलों को दूध में डालें और पकाएं. इसे लगातार चलाते रहें ताकि गुठलियाँ न बनें. शक्कर डालें और अच्छी तरह मिलाएं. इलायची पाउडर और केसर वाला दूध डालें. जब मिश्रण गाढ़ा होने लगे तब उसे आँच पर से उतार लें.

- कुल्हड़ों को कुछ देर तक पानी में भिगोकर रखें. फिर इसमें फिरनी का मिश्रण भर दें. पिस्तों की कतरनों से सजाएं और कुल्हड़ों को फ्रिज में ठंडा होने के लिए रख दें. ठंडी केसरी फिरनी खाने को दें.

शेफ का सुझावः आप इसे सादे चावलों की जगह ब्राउन राइस से भी बना सकते हैं. इससे फिरनी और पौष्टिक बनेगी.

एगलेस पाइनेप्पल मूस

6 डिब्बाबंद अनन्नास की फाँकें, फ्रिज के बाहर रखी हुई	3 छोटे चम्मच नींबू का रस
	250 ग्राम क्रीम
कुछ बूँदें अनन्नास का एसेंस	कुछ बूँदें खाने का पीला रंग
2 छोटे चम्मच जिलेटिन	1 बड़ा चम्मच पीसी शक्कर
½ डिब्बा (200 ग्राम) मीठा वाला कंडेन्स्ड मिल्क	ग्लेस चेरी, आवश्यकतानुसार

- एक छोटे नॉन–स्टिक पैन में आधे कप पानी में जिलेटिन मिलाएं. इसे धीमी आँच पर लगातार चलाते हुए जिलेटिन पूरी तरह से घुल जाने तक गरम करें. एक बाउल में कंडेन्स्ड मिल्क लें और उसे हल्का व क्रीमी होने तक फेंटे. एक दूसरे बाउल में नींबू के रस और टिन के अनन्नास सिरप को मिलाएं.

- अनन्नास की पाँच फाँकों के टुकड़े कर लें. नींबू के स्वाद वाले अनन्नास सिरप और अनन्नास के टुकड़ों को कंडेन्स्ड मिल्क में मिला दें. अब इसमें जिलेटिन का घोल डालें और लगातार चलाते रहें. तैयार मिश्रण को आधे घंटे तक अच्छी तरह जमने के लिए फ्रिज़र में रख दें.

- इसे फ्रिजर में से निकालें और चिकना होने तक फेंट लें. अब इसमें दो सौ ग्राम क्रीम मिलाएं. बाकी का क्रीम सजाने के लिए अलग रख दें. अनन्नास का एसेंस और खाने का पीला रंग डालकर इसे फिर से

अच्छी तरह फेंट लें. इसे पंद्रह से बीस मिनट तक फिर से फ्रिज़र में रख दें. फ्रिज़र में से निकालें और फिर से चिकना होने तक फेंटे.

- अब इसे सर्विंग डिश में निकालकर एक घंटे तक या जमने तक फ्रिज़र में रख दें. बचे हुए क्रीम में पीसी शक्कर डालें और फेंटे, फ्रिज़र में से मूस निकाल लें. फेंटे हुए क्रीम को स्टार नोज़ल वाले पाइपिंग बैग में भरें और उससे मूस की ऊपरी सतह पर बहुत सारे गुलाब के फूल बना लें. गुलाब के प्रत्येक फूल पर एक–एक ग्लेस चेरी रखें और पाइनेप्पल मूस तुरंत सर्व करें.

शाही टुकड़े

6 सफ़ेद ब्रेड की स्लाइस

2 बड़े चम्मच जैतून का तेल

2 कप दूध

4 बड़े चम्मच शक्कर

3–4 केसर के रेशे, चूरे हुए

1 कप हाथों से चूरकर भुरभुरा किया हुआ खोया/मावा

½ छोटा चम्मच छोटी इलायची की पाउडर

15 काजू, कटे हुए

1 बड़ा चम्मच चिरौंजी

कुछ बूँदें गुलाब का एसेंस

8–10 बादाम, कटे हुए

1 चाँदी का वर्क

थोड़ी सी गुलाब की पंखुड़ियाँ

- अवन को 180°C/350°F/गैस मार्क 4 पर पहले से ही गरम कर लें.
- ब्रेड स्लाइस की चारों किनारे काट लें और ब्रेड के दो तिकोने टुकड़े कर लें. ब्रेड की स्लाइसों पर जैतून का तेल लगाएं और पहले से गरम किए हुए अवन में इन्हें बीस मिनट तक या सुनहरी और कुरकुरी होने तक बेक करें. निकालकर अलग रख दें.
- दूध में शक्कर और केसर डालकर गरम करें. इसे बारह से पंद्रह मिनट तक या तीन चौथाई रह जाने तक उबालें.
- इसमें मावा और इलायची पाउडर डालें. आधे काजू और आधे चिरौंजी डालें. आँच पर से उतार लें और ठंडा होने के लिए इसे अलग रख दें. इसमें गुलाब का एसेंस डालें.
- बेकिंग डिश में बेक की हुई ब्रेड की स्लाइसों को जमा लें. इन पर गाढ़ा दूध डालें. बादाम, बचे हुए काजू और चिरौंजी डालकर पंद्रह मिनट तक अवन में बेक करें.
- गुलाब की पंखुड़ियों और चाँदी के वर्क से सजाकर इसे मेहमान की पसंद के अनुसार गरम या ठंडा सर्व करें.

मेंगो भापा दोई विद स्ट्रिस फ्रूट्स

½ कप आम का पल्प	थोड़ी सी संतरे की फाँकें, छीली हुई
1 कप गाढ़ा दही, फेंटा हुआ	थोड़ी सी मौसंबी की फाँकें, छीली हुई
1 डिब्बा (400 ग्राम) कंडेन्स्ड मिल्क	थोड़े से अनार के दाने
½ कप दूध	थोड़ी सी ताज़े पुदीने की पत्तियाँ

- एक बड़े बाउल में कंडेन्स्ड मिल्क लें. इसमें दही, आम का पल्प और दूध डालकर अच्छी तरह मिलाएं. इस मिश्रण को स्टीमर के बर्तन या डिब्बे में निकाल लें.
- स्टीमर में पर्याप्त मात्रा में पानी गरम करें. बर्तन या डिब्बे को अल्युमीनियम फॉइल से अच्छी तरह ढकें और फिर इसे स्टीमर में रख दें. स्टीमर पर ढक्कन लगाएं और बीस से पच्चीस मिनट तक स्टीम करें. मिश्रण को ठंडा करें और फिर फ्रिज में रख दें.
- तैयार मेंगो भापा दोई को एक सर्विंग प्लेट में निकाल लें. इसके चारों ओर संतरे और मौसंबी की फाँकें सजा दें. ऊपर अनार के दाने डालें. अनार के दानों के ऊपर पुदीने की छोटी सी टहनी रखें और ठंडा–ठंडा सर्व करें.

सहायक पाकविधियाँ

कोकोनट मिल्क

1 कप कद्दूकस किए हुए ताज़े नारियल में ¼ कप गरम पानी डालकर उसे मिक्सर में चलाएं. पीसे हुए नारियल के मिश्रण को मलमल के कपड़े या छलनी से छान लें. इसे जोर लगाकर दबाएं ताकि सारा रस या पहला दूध निकल जाए. अब मलमल के कपड़े या छलनी में बचे नारियल के बूरे में ¼ कप गरम पानी डालें और छानकर दूसरा, पतला दूध निकाल लें.

हरी चटनी

1 कप ताज़े हरे धनिये, ½ कप ताज़े पुदीने की पत्तियों, 2–3 हरी मिर्चों, स्वादानुसार काले नमक, ¼ छोटा चम्मच शक्कर और 1 बड़ा चम्मच नींबू के रस को, आवश्यक हो तो थोड़ा सा पानी डालकर, चिकना होने तक पीस लें.

मेयोनीज़

एक साफ बाउल में 1 अंडे की ज़रदी, स्वादानुसार नमक, ¼ छोटा चम्मच सफ़ेद मिर्च पाउडर, फ्रेंच मस्टर्ड और शक्कर व 1 छोटा चम्मच विनेगर लेकर उसे व्हिसक या मथनी से अच्छी तरह मिक्स कर लें. या फिर इस मिश्रण को ब्लेंडर में चलाएं. फिर इसमें 1 कप तेल थोड़ा–थोड़ा करके डालें और लगातार मिलाते रहें जब तक कि सारा तेल मिश्रण में अच्छी तरह मिक्स न हो जाए. 1 छोटा चम्मच नींबू का रस डालें और फिर चखकर मसाले स्वादानुसार कर लें. इसे हवाबंद जार में भरकर फ्रिज में रखें.

पुदीने की चटनी

5 कप पुदीने की पत्तियों, 3 कप हरे धनिये, 10 हरी मिर्चों, 3 प्याज़ और 3 इंच अदरक को, आवश्यक हो तो थोड़ा सा पानी डालकर चिकना होने तक पीस लें. फिर इसमें 1 बड़ा चम्मच नींबू का रस, और स्वादानुसार नमक व अनार दाने की पाउडर डालें और मिला लें.

शेज़वान सॉस

1 कप पानी में 10–12 सूखी लाल मिर्चों को 5 से 7 मिनट तक उबालें. निथारें और फिर ठंडी होने के बाद पीसकर इनकी चिकनी पेस्ट बना लें. पैन में ½ कप तेल गरम करें. इसमें 10 बारीक कटी हुई लहसुन की कलियाँ, 2 बारीक कटी हुई हरी मिर्चें, 2 बारीक कटी हुई हरे प्याज़ की पत्तियाँ और 1 इंच कद्दूकस किया हुआ अदरक डालें और 1 मिनट तक चलाएं. फिर इसमें लाल मिर्चों की पेस्ट डालें और कुछ सेकंड और भूनें. 2–3 इंच बारीक कटी हुई सेलरी स्टॉक, 3 बड़े चम्मच टोमैटो केचअप और स्वादानुसार नमक डालें और अच्छी तरह मिला लें. 2 छोटे चम्मच व्हाइट विनेगर डालें और 1 मिनट तक उबलने दें. जब तेल ऊपरी सतह पर आ जाए तब आँच पर से उतारकर ठंडा करें और फिर इसे भरकर रख दें.

नोट: शेज़वान सॉस पर यदि तेल की परत बनी रहे तो यह सॉस 1 महीने तक खराब नहीं होता है.

वेजिटेबल स्टॉक

1 प्याज़, ½ मध्यम आकार की गाजर, 2–3 इंच सेलरी स्टॉक और 2–3 लहसुन की कलियों को छीलें, धोएं और काट लें. एक नॉन–स्टिक पैन में ये कटी सब्ज़ियाँ डाल दें. फिर इसमें 1 तेजपत्ता, 5–6 काली मिर्च, 2–3 लौंग और 5 कप पानी डालकर एक उबाल लाएं. आँच कम कर दें और इसे 15 मिनट तक उबलने दें. इसे छानें और ठंडा होने के बाद फ्रिज में रख दें. आवश्यकतानुसार इस्तेमाल करें.

व्हाइट सॉस

व्हाइट सॉस बनाने के लिए एक भारी तले वाले नॉन–स्टिक पैन में 2 बड़े चम्मच मक्खन पिघलाएं. इसमें 2 बड़े चम्मच मैदा डालें और भूनें. मैदे को धीमी आँच पर खुशबू उठने तक लगभग पाँच से छह मिनट तक भूनें. फिर इसमें 2 कप दूध डालें और चिकना होने तक चलाते रहें. लगातार चलाते हुए चार से पाँच मिनट तक पकाएं जब तक कि सॉस गाढ़ा न हो जाए. स्वादानुसार नमक और ½ छोटा चम्मच सफ़ेद मिर्च पाउडर डालें और अच्छी तरह मिला लें. सॉस को छान लें.

2 कप सॉस बनेगा.

शब्दावली

English	हिन्दी
Almonds	बादाम
Basil	तुलसी
Bay leaf	तेज पत्ता
Black peppercorn	काली मिर्च
Bottle gourd	लौकी
Button mushrooms	खुंब
Capsicum	शिमला मिर्च
Caraway seeds	शाही जीरा
Cardamom	इलायची
Chickpeas	काबुली चना
Cinnamon	दालचीनी
Cloves	लौंग
Fresh coriander	हरा धनिया
Cottage cheese	पनीर
Fresh cream	मलाई
Cumin seeds	जीरा
Dried fenugreek leaves	कसूरी मेथी
Dried red chilles	सूखी लाल मिर्च
Fennel seeds	सौंफ

English	हिन्दी
Fenugreek seeds	मेथीदाना
Fresh parsley	अजमोदा
Lotus roots	कमल गट्टा
Pear	नाशपाती
Pineapple	अनन्नास
Pine nuts	चिलगोज़ा
Pistachio	पिस्ता
Pomegranate	अनार
Prawns	झींगा
Raisins	किशमिश
Saffron	केसर
Spinach	पालक
Gram, Bengal split	चनादाल
Spring onion greens	हरे प्याज़ की पत्तियाँ
Sweetcorn kernels	मकई के दाने
Vinegar	सिरका
Walnuts	अखरोट